소통자본을 구축하라

기업 커뮤니케이션의 새로운 시각

김효상 지음

한울
아카데미

이 도서의 국립중앙도서관 출판예정도서목록(CIP)은 서지정보유통지원시스템 홈페이지(http://seoji.nl.go.kr)와 국가자료공동목록시스템(http://www.nl.go.kr /kolisnet)에서 이용하실 수 있습니다. (CIP제어번호 : CIP2014017102)

추천의 말

소통자본의 굴비 맛

"PR은 PR이 아니다."

이 책은 이런 도발적인 첫 줄로 시작합니다. PR이 PR이 아니라니, 말장난 같은 첫 문장에 기존의 PR에 대한 통렬한 반성과 미래의 PR에 대한 화통한 전망이 담겨 있다고 한다면 지나친 과장일까요? 기업의 생존과 발전을 위해서는 기업이 영향을 미치거나 영향을 받을 수 있는 이해관계자들과 좋은 관계를 맺으며 소통해야 한다는 것이 이 책의 참 주제입니다.

저자의 20년 가까운 실무 경험이 녹아 있기에, 뜨거운 PR현장에서 문제해결을 위해 참조한 저자의 이론 공부가 스며 있기에, 이 책은 마치 노릇노릇 잘 구워진 영광굴비 같습니다. 이 책은 실무 사례와 이론 고찰의 어느 한쪽으로도 치우치지 않고 정말로 정교하게 '상생'하고 있습니다. 바꿔 말해서 어느 한쪽은 잘 구워지고 어느 한쪽은 덜 구워진 데 없이 모든 부위가 노릇노릇 잘 구워져 보기만 해도 군침 도는 굴비 같은 이 책을 저는 참 맛있게 먹었습니다.

최근에 우리는 사회자본이나 문화자본 같은 용어를 자주 써왔습니다. 이 용어들은 사회나 문화가 자본의 일종이라는 점을 환기했지만, 우리네 생활과는 한 발짝 떨어진 거시적 개념이라는 느낌이 강했습니다. 정부나 언론을 비롯한 사회 각계각층에서도 '소통'이라는 말을 약방의 감초처럼 쓰고 있지만, 자세히 살펴보면 소통은 슬로건이나 캐치프레이즈에 그치고 실제로는 소통이 아닌 불통을 하는 경우도 많았습니다. 이런 상황에서 출간된 김효상의 『소통자본을 구축하라: 기업 커뮤니케이션의 새로운 시각』에서는 소통을 잘하는 사람이 자본가가 될 수 있다는 새로운 시각을 제시하고 있습니다.

저자는 새로운 경영 패러다임의 핵심 키워드를 소통자본이라고 이름 붙였습니다. 인적 · 물적 자본이나 지식 · 감성 자본과는 다른 제3의 새로운 자본입니다. 즉, 기업이 거대한 관계망 속에 존재한다는 인식을 바탕으로 이해관계자들과 우호적인 관계를 형성하기 위해 쌍방향 커뮤니케이션을 해서 기업과 사회 모두에 유익한 방향으로 나아가는 모든 노력과 과정 및 결과가 소통자본이라는 뜻입니다.

이 책은 기업 커뮤니케이션 영역에서 이론과 실무를 겸비한 김효상 대표가 오랫동안 구상하고 심혈을 기울여 쓴 대중서입니다. 이 책의 속살을 엿보는 동안 독자 여러분은 그 흥미로움에 잠시도 눈을 떼지 못할 것입니다.

소통자본을 구축하는 가장 효과적인 방법의 하나로 PR을 꼽고 있다는 점이 특히 흥미롭습니다. 좁은 의미의 PR이 아니라 전략적 경영철학으로서의 PR이 소통자본을 구축하는 지름길이라는 뜻이겠지요. "이제 기업이 소통자본을 구축하는 것은 '당위當爲'의 문제나 '규범規範'의 문제가 아닙니다. 기업의 지속가능 경영이라는 생존의 문제이고, 사람들의 실제적인 삶과 행복에 관한 문제이며, 우리 사회가 높은 수준의 선진사회로 발돋움하기 위해서 반드시 필요한 일입니다." 저자는 마지막 문장을 이렇게 마무리하며 우리에게 소통자본가가 되라는 메시지를 던지고 있습니다.

책장을 넘겨보면 아시겠지만 저자는 '한다'가 아닌 '합니다', '이다'가 아닌 '입니다', '있다'가 아닌 '있습니다' 같은 '니다'체를 쓰고 있습니다. 문체는 필자의 얼굴이라는 말처럼, '니다'체에는 독자에 대한 저자의 존경심이 담겨 있습니다. 저 역시 저자의 문체를 흉내 내 이렇게 '니다'체로 추천의 말을 씁니다. 이는 저자의 노력에 존경을 표하는 제 마음이기도 합니다. 모든 분들에게 이 책의 일독을 권합니다. 소통자본의 굴비 맛을 차근차근 맛보시기 바랍니다. 그리하여 명성, 신뢰, 존경, 믿음, 헌신 같은 소통자본의 가치들을 바탕으로 보다 나은 관계들을 만들어가시기를 기원하겠습니다.

한국PR학회 제15대 회장, 서원대 광고홍보학과 교수

김병희

프롤로그

기업이 위기라고들 합니다. 미국 발 금융위기에 이어 유럽 발 재정위기가 겹치면서 그 후유증으로 인해 성장 둔화와 장기 침체의 우려가 깊은 그늘을 드리우고 있습니다. 기업들이 현장에서 느끼는 체감온도가 영하입니다. 설상가상으로 기업에 대한 사람들의 감정도 그리 우호적이지 않습니다. 기업의 부정과 탐욕을 질타하는 목소리가 그 어느 때보다 높습니다. 경제민주화가 시대적 화두가 되어버렸습니다. 이렇듯 기업들은 외우내환의 위기에 직면해 있습니다.

기업들이 현재의 위기를 극복하고 생존과 번영을 이루기 위해서는 기업경영 패러다임의 전환이 필요합니다. 주주 중심 경영, 일방적 커뮤니케이션과 같은 방식으로는 험난한 파고를 넘을 수 없습니다. 주주뿐만 아니라 소비자, 직원, 협력업체, 지역사회, 언론의 이해를 충분히 고려하고 우호적인 관계를 만들어나가야 합니다. 경영을 위해 넘어야 할 장애물이 아니라 기업이 발전하기 위해 반드시 고려해야 할 상대로 인식해야 합니다. 또한, 이해관계자들과 지속적으로 소통하면서 신뢰와 믿음을 쌓아야 합니다. 이렇게 기업과 이해관계자들이 긍정적인 관계를 형성하면 열정적이고 창의적인 직원, 믿음을 가지고 장기적으로 투자하는 투자자, 안심하고 구매하는 소비자, 함께 번영하는 협력업체, 공동체적 인식을 갖는 지역사회, 우호적 언론관계를 만들어내며 새로운 도약과 지속가능경영을 가능하게 할 것입니다.

필자는 이러한 새로운 경영 패러다임의 핵심 키워드를 소통자본이라고 이름 붙였습니다. 인적자본, 물적자본, 지식자본 등과는 다른 새로운 자본입니다. 소통자본을 구축하는 가장 효과적인 방법 가운데 하나가 바로 PR입니다. 그동안 홍보로 불리며 광고, 선전 등과 같은 설득커뮤니케이션 수단의 하나, 또는 마케팅믹스marketing mix의 하나로 인식되어온 과거의 PR, 좁은 의미의 PR이 아닙니다. 기업과 관련 있는 이해관계자들과 우호적 관계를 형성하고 쌍방향 커뮤니케이션을 통해 서로의 가치를 동시에 실현하는 경영철학과 전략, 기능으로서의 PR을 의미하는 것입니다.

PR을 잘하기 위해서는 우선, 기업의 가치관이 바로 서 있어야 합니다. 가치관은 기업의 나침반과 같은 역할을 합니다. 기업의 모든 판단과 실행의 중심에 기업의 가치관이 자리잡고 있어야 합니다. 기업이 영향을 미치고 영향받는 주요 이해관계자가 누구인지도 파악해야 합니다. 그리고 그들과 장기적이고 승승적 관계를 구축하고 지속적으로 소통해야 합니다. 신뢰와 믿음, 정직, 투명성, 상호협조 등은 서로 간에 우호적인 관계를 형성하는 기본적인 요소입니다.

이 책은 기업의 소통을 주제로 하여 논의를 전개합니다. 즉, "어떻게 하면 기업이 바람직한 소통을 할 수 있을까?"라는 화두를 가지고 PR학과 경영학, 기타 학문 분야의 연구성과들을 흡수하고 기업현실과 경영사례에 비판적으로 접근함으로써 보다 바람직한 소통을 위한 구조와 실천사항들을 도출하려고 노력했습니다.

이 과정에서 필자에게 영감을 주고 영향을 끼친 것은 첫째, PR을 설득커뮤니케이션이 아니라 쌍방향의 균형적 커뮤니케이션으로 본 미국 메릴랜드대학 그루닉 교수 등의 PR이론과, PR연구의 중심과제로 조직과 공중의 '관계'를 강조한 플로리다대학 퍼거슨 교수 등의 이론입니다. 둘째는 경영학 분야의 버지니아대학 프리먼 교수가 주창한 이해관계자이론입니다.

이들 이론이 처음 소개된 것이 벌써 30년 전의 일입니다. PR학 최초의 이론화를 시도했던 그루닉 교수 등의 저서 『Managing Public Relations』가 발간된 해가 1984년이고, 퍼거슨 교수가 저널리즘 및 매스컴 교육학회AEJMC에서 PR의 새로운 패러다임으로 관계경영을 처음 언급한 것도 1984년입니다. 한편, 이해관계자이론의 창시자인 프리먼 교수의 『Strategic Management: A Stakeholder Approach』가 발간된 해 또한 1984년입니다. 필자가 이 책을 집필하면서 우연히 발견하게 된 사실이지만, 위에 언급된 이론들이 세상에 모습을 드러낸 것이 모두 같은 시기입니다.

이러한 유사성의 배경을 이해하려면 1970~80년대 미국의 시대적 상황을 살펴보아야 할 것입니다. 미국은 1973년 시작된 에너지 위기로 석유가 부족해지고 유가가 상승하여 인플레가 심해졌고, 이때 디트로이트의 자동차 산업이 붕괴되기 시작합니다. 당시 미국의 분위기를 잘 설명하는 표현이 "'Me' Decade"('자기' 중심의 시대)입니다. 미국의 언론인이자 저술가인 톰 울프Tom Wolfe가 1976년 ≪뉴욕매거진New York Magazine≫에 게재한 에세이에서 언급한 "'Me' Decade"는 1960년대에 유행했던 '사회적 가치'와 다르게 공동체주의에서 멀어지고 개인의 문제에만 집중하는 미국인들의 새로운 태도를 말합니다. 1981년 취임한 미국의 레이건 대통령은 소위 '레이거노믹스Reaganomics'라 불린 경제정책을 추진했습니다. 경기침체와 인플레, 높은 실업 등으로 대공황 이후 가장 힘겨웠던 미국 경제에 활력을 불어넣고 '힘에 의한 위대한 미국'을 재건하다는 것이었습니다. 대표적인 정책으로 기업에 대한 정부의 규제 완화, 세출 삭감, 소득세의 대폭 감세 등을 꼽을 수 있습니다. 소위 신자유주의라고 하는 것이 이때 시작된 것입니다. 이후 한동안 미국 경제는 호황을 유지하지만, 재정적자 확대와 양극화 등 부작용 또한 만만치 않았습니다.

간략하게 살펴봤지만, 미국의 1970~80년대 경제상황, 기업환경, 사회적 배경과 위에서 언급한 이론들의 출현이 무관치만은 않아 보입니다. 그리고 최근 우리나라의 경제, 사회적 상황과도 연관성이 있어 보입니다.

이 책에서는 기업이 소통자본을 구축하기 위해 필요한 소프트웨어인 기업철학에 해당하는 부분과 평판, 위기, 여론관리 및 주요 이해관계자(직원, 투자자, 고객, 언론)와의 관계, 뜨거운 감자로 떠오른 소셜미디어를 다룹니다. 특히, 여기서 언론관계의 비중이 다소 큰 것은 현재 기업실무에서 가장 큰 부분을 차지하고 있기도 하지만, 가장 성찰이 필요한 부분이기도 하기 때문입니다. 에필로그인 '소통자본을 구축하는 방법'은 책에서 다룬 내용을 네 단계로 흐름화하여 다시 한 번 간략하게 정리해줌으로써 마무리를 짓고 있습니다. 각 챕터의 마지막 부분에 있는 참고문헌은 필자가 글을 쓰며 참고하기도 했지만, 탐구심이 강한 독자들은 이 책과 함께 꼭 읽어보면 좋겠습니다.

이 책은 필자에게 있어서 완성이 아니라 시작입니다. 필자의 천학비재淺學菲才함으로 인해 미진한 부분이 많이 있음을 인정합니다. 다만, 독자들이 이 책을 읽은 후 문제의식을 갖게 되고 한두 개의 시사점이라도 얻게 된다면 필자는 이 책을 쓴 목적을 충분히 이루었다고 할 수 있을 것입니다.

필자의 배움과 경험, 독서와 사색을 통한 생각의 편린들이 책이라는 출판물로 나오기까지 많은 분의 도움이 있었습니다. 가르침을 주신 교수님들, 토론상대가 되어 준 동료와 선후배님들, 많은 영감을 준 여러 저자들께 감사드립니다. 특히, 한국PR학회장이신 김병희 교수님은 이 책의 초기 원고를 읽어봐주시고 격려해주셨으며 추천사까지 직접 써주셨습니다.

이 책의 출판을 결정해주신 도서출판 한울의 김종수 대표님, 윤순현 과장님과 원고의 세세한 부분까지 꼼꼼히 살펴 편집해주신 염정원 님께 진심으로 감사의 말씀을 드립니다. 이분들의 도움이 없었다면 아마도 이 책은 태어나기 어려웠을 것입니다. 마지막으로 든든한 후원자인 가족들의 고마움을 잊을 수가 없습니다. 항상 격려해주시는 양가 부모님, 세심한 배려를 아끼지 않는 형 김덕상 박사와 형제들, 언제나 말없이 믿고 지지해주는 사랑하는 아내 하수정과 두 아들 준형, 재형에게 감사의 마음을 전합니다.

2014년 봄

한강을 바라보며

김 효 상

CONTENTS

차 례

CONTENTS

차 례

CHAPTER 1

PR의 재발견

PR은 PR이 아니다

바야흐로 PR의 시대가 오고 있습니다! 이 대전제를 설명하기 위해 우선 홍보에 대한 오해를 좀 풀어야 할 듯합니다. 원래 홍보라는 말은 영어의 PR을 번역해놓은 말입니다. PR은 Public Relations의 줄임말입니다. 직역하면 '공중관계' 정도가 되겠지요. 우리가 익히 알고 쓰는 홍보, PR이라는 말의 뜻과 원어의 의미가 사뭇 다르다는 것을 눈치채셨을 겁니다. 일상생활에서 용어의 뜻과 의미가 일치하지 않아 혼란스러운 경우가 많이 있는데요, 홍보라는 말도 그 가운데 하나일 것입니다.

본래 의미가 어찌됐건, 홍보라고 하면 무언가를 널리 알리고 좋게 표현하는 활동이라고 알고 있고 쓰고 있습니다. 또 광고, 선전, 마케팅, 판촉 등과도 혼용해서 사용하고 있고, 그 의미도 사용하는 사람마다 제각각이어서 정체를 알기가 쉽지 않습니다. 기업 현장에서 홍보의 핵심은 주로 언론홍보입니다. 영어로는 Publicity라고 하는데, 가장 전형적인 방법은 기업이 알리고 싶은 내용을 '보도자료'로 작성해서 언론 매체를 통해 기사화시키는 일입니다. 이를 빗대서 홍보를 조금 안다는 분들은 PR을 "피(P)나게 알(R)린다"라고 표현하기도 합니다. 실무에서는 불리한 기사가 실리지 않도록 하는 활동도 언론홍보 못지않게 매우 중요한 일입니다. "피(P)할 것은 피(P)하고, 알(R)릴 것은 알(R)린다"라는 재치 있는 표현은 이런 상황을 두고 하는 말입니다.

지금까지 PR은 광고, 선전 등과 같은 설득커뮤니케이션의 한 종류로서 이해되어왔습니다. 설득커뮤니케이션으로서의 PR은 조직과 관계된 이해관계자들에게 이해를 구하고 동의를 얻는 과정입니다. 따라서 메시지의 전달과 효과 같은 측면에 초점이 맞춰져 있습니다. 이와 더불어 PR에 대한 인식에 가장 큰 영향을 미친 학문은 아마도 경영학일 것입니다. 자본주의, 기업의 발전과 궤軌를 같이해 경영학이 주류 학문으로 자리매김해왔는데, 경영학 전공자들이 기업에 다수 진출하다 보니 경영학, 특히 마케팅을 통해 PR을 이해하는 경향이 강해졌습니다.

마케팅에서 PR은 4Ps(Product, Price, Place, Promotion)라 일컬어지는 마케팅믹스 가운데 촉진전략인 프로모션믹스Promotion Mix(광고,

PR, 다이렉트마케팅, 판촉 등)의 하나로 분류됩니다. 4Ps는 1960년 미국의 경영학자 제롬 매카시Jerome McCarthy가 주창한 이래, 마케팅의 아버지라 불리는 필립 코틀러Philip Kotler에 의해 널리 전파된 유명한 모델입니다. 코틀러는 PR이 단순한 언론홍보Publicity 차원을 넘어 마케팅PRMPR로 발전하고 있다고 했습니다. 그 배경은 광고의 힘이 약화되고 있고, PR은 비용도 적게 드는데다 신뢰성까지 높기 때문이라고 합니다. 코틀러는 "어떤 기업이 흥미 있는 뉴스거리를 개발하면, 그것은 모든 뉴스 매체들에 의해 보도될 것이고, 수백만 달러에 상당하는 광고를 한 것과 같은 효과를 얻을 수 있다"라고 했습니다.[1] 마케팅PR의 주요 수단은 뉴스거리를 만들어내거나 찾아내는 것이며, 이 밖에 간행물이나 행사, 임원연설, 기업로고와 컬러 등 CICorporate Identity, 사회공헌 같은 것도 해당된다고 했습니다.

이렇게 PR은 언론홍보 또는 마케팅을 위한 도구로 광범위하게 받아들여지고 있습니다. 최근까지 기업의 홍보활동도 대개 이 범주를 크게 벗어나지 못하고 있습니다.

새로운 사고체계와 경영기능

오늘날 기업은 그 어느 때보다 위기상황에 직면해 있습니다. 환경적인 위협요인과 함께 기업 자체의 위협요인도 새로운 사고로 전환할 것을 재촉하고 있습니다. 우선 환경적인 위협요인을 살펴보겠습니다. 시민의식과 소비자 주권의식이 성장하면서 소비자들은 기업이 생산해내는 제품과 서비스를 그저 수동적으로만 받아들이지 않게 되었습니다. 또 환경문제에 대한 심각성이 부각되면서 기업이 생산과정에서 유발하는 공해와 유해물질에 대해서도 관대하지 않게 되었습니다. 근로자들이 기업에 바라는 것도 단순히 고용보장이나 급여를 넘어 원활한 소통과 보다 민주적인 기업문화의 구축 등 다양한 방향으로 표출되고 있습니다. 더욱이 주목할만한 일은 인터넷에 뒤이은 SNSSocial Network Service의 폭발적 성장에 힘입어 기업을 둘러싼 이해관계자들의 불만과 요구, 기대와 정서가 자유롭게 표출되고 유통되며 때로는 증폭한다는 사실입니다. 한마디로 피(P)한다고 피할 수도 없고, 피(P)나게 알(R)려도 노력한 만큼 반응이 오지 않게 된 것입니다. 사회경제적으로는 2008년 금융위기 이후 전 세계적인 불황으로 인해 반금융, 반기업정서가 확산되기 시작했습니다. 사회 양극화가 심화되면서 기업의 사회적 책임을 강하게 요구하는 목소리도 더욱 더 커지는 분위기입니다.

기업 자체에서 생성된 위협요인도 있습니다. 잭디시 세스Jagdish N. Sheth 미국 에모리대학 교수는 저서 『배드 해빗The self-destructive habits of good companies...and how to break them』에서 초우량 기업, 존경받는 기업이라고 칭송받던 회사들이 병들고 망해가는 현실을 주의 깊게 살폈더니, 기업이 성공하면 그 결과로 자기 파괴의 습관이 무의식중에 나타나기 때문에 그러한 일이 빌어졌다고 분석했습니다. 세스는 "기업이 현상유지경영을 하고, 변화하는 환경에서 밖에서 안을 보기보다 안에서 밖을 보는 현상이 나타나기 시작하면 아래쪽을 향해 미끄러지는 소용돌이가 시작된다. 이런 기업들은 만성적인 질병에 감염된 것처럼 서서히 죽어간다"라고 했습니다.[2] 세스는 성공한 기업의 자기 파괴 습관 중 하나로 '오만傲慢'을 이야기합니다. 오만이 의심되는 증상 중 하나는 고객 · 직원 · 투자자 · 정부 등 외부로부터의 조언을 다 알고 있다고 생각하고 비웃으며 귀 기울이지 않는다는 것입니다. 또 다른 오만의 증상으로는 사무실 인테리어를 꾸미는 것, 직원들에 대한 특전, 접대 등에서 과시하기를 좋아하는 것, 직원 · 투자자 · 고객에게 위협적인 행동을 보이거나 상전처럼 행동하는 것, 비판적인 공급업자 · 고객 · 직원을 내치고 아첨만을 좋아하는 것, 남이 나보다 더 나은 방식을 가졌다는 것을 인정하지 않는 NIHNot Invented Here(내가 만든 게 아니야)증후군이 있다고 합니다.

이와 같은 안팎의 위협요인에 기업은 어떻게 대응해나가야 할까요? 발등에 불이 떨어졌을 때 대응하는 방식으로는 도저히 감당이 안 되는 상황이라는 것을 인식해야 합니다. 즉, 복잡하고 도전적인 문제를 해결해나갈 수 있는 새로운 사고체계와 경영기능을 갖추지 않으면 안 되는 현실에 직면해 있다고 할 수 있습니다. 바로 이런 사고체계와 경영기능을 PR이 맡아야 하고, 또 PR이 추구해야 할 모습으로 삼아야 합니다. 이런 의미에서 PR의 재발견이 필요한 시점이 된 것입니다.

관계하고 소통하라 PR이란 무엇일까요? 많이 인용되는 PR의 정의를 잠시 살펴보겠습니다. PR학자인 스콧 커틀립Scott M. Cutlip과 앨런 센터Allen H. Center, 글렌 브룸Glen M. Broom은 "PR은 조직과 조직의 성패가 달려 있는 공중 사이에 서로 이익이 되는 관계를 수립하고 유지하는 경영기능이다"라고 한 바 있습니다.[3]

미국PR협회PRSA: Public Relations Society of America는 2012년 3월 초에 현대화된 PR의 정의를 다음과 같이 발표했습니다. "PR이란 조직과 공중 간에 상호유익한 관계를 구축하는 전략적 커뮤니케이션 과정이다."[4] 1982년에 채택된 정의를 30년 만에 바꾼 것입니다. 참고로 1982년의 정의를 살펴보면 "PR이란 조직과 공중이 상호 적응하도록 돕는 것이다" 였습니다.

영국PR협회CIPR: Chartered Institute of Public Relations는 "PR이란 조직의 언행과 조직에 대한 외부 사람들의 평가의 결과인 평판에 관한 것이다"라고 정의했습니다. 또 "PR은 이해와 지지를 구하고 의견과 행동에 영향을 미치려는 목적으로 평판을 관리하는 활동이다", "PR은 조직과 공중 간에 호의와 상호이해를 구축하고 유지하기 위해 계획된 한결같은 노력이다"라고 합니다.[5]

이렇게 PR의 의미를 살펴보았는데요, 결국 기업은 무인도에 혼자 고립된 존재가 아니기 때문에 기업이 생존하고 발전하기 위해서는 기업이 영향을 미치거나 영향받는 이해관계에 있는 사람들과 좋은 관계를 맺고 소통해야 한다는 생각이 바로 PR인 것입니다.

참고문헌

1 필립 코틀러, 『마케팅관리론』, 윤훈현 옮김(석정, 2000).

2 잭디시 세스, 『배드 해빗』, 김중식 · 전우영 옮김(럭스미디어, 2008).

3 Scott M. Cutlip, Allen H. Center, Glen M. Broom, *Effective Public Relations* (Prentice Hall, 2000).

4 www.prsa.org/AboutPRSA/PublicRelationsDefined/

5 www.cipr.co.uk/content/about-us/about-pr

CHAPTER 2

기업과 환경을 새롭게 이해하라

기업은 살아 있는 유기체

기업이 생존하고 발전하기 위해서 이해관계 있는 사람들과 좋은 관계를 맺고 소통을 해나가야 한다는 생각은 기업이라는 조직을 유기체로 생각하는 사고와 연결되어 있습니다. 즉, 조직이란 살아 있는 유기체와 같이 환경에 대해서 '개방적'이라는 것입니다. 따라서 조직이 생존하기 위해서는 항상 환경과 적절한 관계를 유지해야 합니다. 이렇게 조직에 대해 시스템적으로 접근한 사람이 오스트리아 출신의 이론 생물학자였던 루드비히 폰 베르탈란피Ludwig Von Bertalanffy입니다. 베르탈란피는 이러한 생각을 발전시켜 일반체계이론general system theory으로 집대성했습니다.

유기체로서의 조직에 대한 이론은 개러스 모건Gareth Morgan 캐나다 요크대학 교수의 저서 『조직의 8가지 이미지Images of Organization』에 잘 정리되어 있는데요, 모건에 따르면 조직에 대한 개방체계적 접근은 첫째로 조직이 생존하는 데 있어서 환경의 중요성을 강조합니다. 여기서 환경은 조직이 맞닥뜨리는 일반적인 상황만을 의미하지 않고 조직과 관계 맺고 상호작용하는 고객, 경쟁자, 공급자, 노동조합, 정부 등에 의해 규정되는 '과업환경' 또는 '사업환경business environment'까지 포함됩니다.

과업환경 또는 사업환경에 관심을 둔다는 것은 이러한 환경에서 일어나는 변화를 감지하고, 환경을 조직과 연결시키고 관리하며 적절한 전략적 대응을 하는 능력이 조직을 운영해나가는 데에서 중요하다는 것을 의미합니다. 환경 변화에 대한 능동적인 대응과 관련해 톰 피터스Thomas J. Peters와 로버트 워터먼Jr. Robert H. Waterman은 『초우량 기업의 조건In Search of Excellence』에서 환경이 변하면 자신도 변하는 기업이 혁신적인 기업이며, 환경 변화에 따라 기업문화를 포함한 기업경영의 전체적인 틀을 혁신하는 기업을 '초우량 기업'이라고 정의한 바 있습니다.[1]

둘째로, 조직을 서로 밀접하게 연결되어 있는 하위체계subsystems(환경, 관리, 전략, 구조, 기술, 인간-문화체계)들의 집합체로 간주한다는 것입니다. 시스템이론 혹은 체계이론가들은 조직이 생존하기 위해서 필요한 핵심적인 욕구들이나 그러한 욕구충족을 전담하게 되는 세부

경영과정들에 초점을 맞추고, 이들 사이의 관계를 관리하는 것이 조직의 운영에서 얼마나 중요한가를 강조합니다. 셋째는, 서로 다른 체계들 간의 조화로운 관계를 만들고 발생 가능한 문제점을 사전에 발견하고 해결하려는 시도에 초점이 두어집니다.

그리고 이러한 통찰력들은 '컨틴전시이론contingency theory' 혹은 '상황적합이론'으로 집대성되었습니다. 즉, "조직이란 내부적인 욕구들을 충족시키고 균형을 이루며 환경여건에 효과적으로 적응해나가기 위해 세심한 관리를 필요로 하는 개방체계이다"라는 것입니다.[2] 상황적합적 접근법의 기초가 된 톰 번즈Tom Burns와 G.M. 스톨커G.M. Stalker의 연구를 통해, 기술과 시장의 여건이 항상 새로운 도전과 문제를 제기하는 상황에서는 보다 개방적이고 유연성 있는 조직과 경영관리 스타일이 필요하다는 사실을 알게 되었습니다.

시스템이론의 발전으로 조직은 독립된 별개의 존재가 아니라 복잡한 생태계의 하나의 구성요소로서 존재하는 것이라는 생각을 갖게 되었습니다. 즉, 조직과 환경은 서로가 서로를 만들어가는 관계를 맺고 있다는 것이지요. 이런 관점에서 본다면 조직은 외부 환경의 영향을 받기도 하지만 외부 환경에 영향을 줄 수도 있다는 사실이 분명해집니다. 다시 말해 조직이 자신의 미래를 만들어가는 데 있어서 능동적인 역할을 할 수 있다는 것입니다. 특히, 다른 조직들과 조화롭게 활동할 수 있을 때 더욱 그러합니다. 이러한 시각으로 조직을 본다면 자연自然에서 볼 수 있듯이 조직 간에는 '경쟁'만 있는 것이 아니라 '상호협동'도 아주 일반적인 현상이라는 것을 알 수 있습니다.

이상에서 살펴본 바와 같이 조직을 유기체로서 이해한다면 PR은 기업이 그들과 관계된 환경을 관리하고 소통해나가는 데에서 기본적인 철학을 이루는 것이며, 필수적인 경영기능인 것입니다.

제품에서 고객으로 마케팅 분야에서도 고객과의 관계에 보다 집중해야 한다는 생각이 싹 텄습니다. 기업 간 경쟁이 점점 치열해지자 신규 고객을 창출하고 지속적인 고객으로 유지하기 위해서는 고객과 장기적인 유대관계를 형성하는 일이 중요해진 것입니다. 그동안 기업들은 신규 고객의 창출에만 주로 초점을 맞춰왔습니다. 그러나 점차 기존 고객을 잘 유지해서 재구매고객, 충성고객으로 만드는 일이 중요하다는 사실을 깨닫게 되었습니다. 제품이나 서비스 중심적인 사고에서 고객 중심적인 사고로 전환하게 된 것이지요.

이러한 마케팅을 관계마케팅relationship marketing이라고 합니다. 관계마케팅은 1983년 미국 마케팅협회가 주최한 서비스 마케팅 컨퍼런스에서 레너드 베리Leonard L. Berry가 발표한 논문인 「관계마케팅Relationship Marketing」에서 처음 언급되었습니다. 베리는 이 논문에서 "관계마케팅은 복합서비스기업에서 고객과의 관계를 유치하고, 유지하며, 증진시키는 것이다"라고 했습니다.[3] 이후 로버트 모건Robert M.

Morgan과 셸비 헌트Shelby D. Hunt는 1994년 ≪저널 오브 마케팅Journal of Marketing≫에 발표한 논문 「관계마케팅의 몰입-신뢰 이론The Commitment-Trust Theory of Relationship Marketing」에서 "관계마케팅이란 성공적인 관계들을 수립하고 발전시키며 유지하는 방향의 모든 마케팅 활동들을 말한다"라고 정의하고, 관계마케팅의 대상을 고객에서 공급자, 경쟁자, 비영리조직과 정부, 직원 등으로 확대했습니다.[4] 모건과 헌트는 이와 같은 관계적 교환을 다음과 같은 네 개 카테고리의 열 가지 형태로 설명하고 있습니다.

이렇듯 마케팅 분야에서 고객이나 기타 이해관계자들과의 '관계'에 관심을 가지는 것도 PR의 초점이 설득에서 관계와 소통으로 바뀌어야 한다는 생각과 맥을 같이하고 있습니다.

이해관계자 가치를 창조하라

기업을 만들고 운영하기 위해서는 자본이 필요합니다. 자본을 대는 사람을 주주라고 합니다. 주주가 없으면 기업도 없지요. 그래서 기업은 주주의 이익과 가치를 극대화하는 방향으로 운영되어야 한다는 생각을 주주자본주의라고 합니다. 그런데 이런 생각과는 좀 다른 이론이 있습니다. 주주 가치뿐만 아니라 이해관계자 가치도 고려해야 한다는 생각입니다. 이해관계자이론stakeholder theory이라고 하는데요, 1984년 미국 버지니아대학의 에드워드 프리먼R. Edward Freeman 교수가 저서인 『전략적 경영: 이해관계자 접근법Strategic Management: A stakeholder approach』에서 주장했습니다. 기업은 주주뿐만 아니라 임직원, 고객, 공급망, 비즈니스 파트너, 지역사회 등을 잘 고려해야 하고 이런 기업은 주주에만 집중하는 조직보다 더 큰 성과를 나타낸다는 것입니다.

프리먼과 제프리 해리스Jeffrey S. Harrison, 앤드류 윅스Andrew C. Wicks는 공저 『이해관계자를 위한 경영Managing for Stakeholders』에서 "세계는 고객, 공급자, 유관단체, 근로자 그리고 기업의 성공에 결정적인 투자자와 상호연계된 네트워크로 구성된다. 다른 이해관계자들의 희생을 대가로 주주를 위해 경영을 하는 기업들은 그 성과를 유지할 수 없다. 이해관계자들에 대해 그와 같이 배타적인 관점에 기초하는 경제적 행위의 체계에서는 다른 이해관계자들을 대변하는 자유사회의 사회적 행동주의와 규제가 나타난다"라고 하면서 이해관계자를 위한 경영의 실용적인 이유에 대해 언급하고 있습니다.[5] 이 책에서는 이해관계자의 구조에 대해 로버트 필립스Robert Philips의 2단계 이해관계자 구조를 설명하고 있는데요, 기업과 관련 있는 1차적 이해관계자에는 고객, 근로자, 공급자, 투자자, 유관단체가 있고, 2차적 이해관계자에는 정부, 경쟁자, 소비자 보호집단, 특수 이해집단, 미디어가 있다고 합니다. 이러한 이해관계자들을 경영의 중요한 고려사항으로 삼아야 한다는 생각은 기업의 사회적 책임 그리고 윤리경영과도 밀접하게 연결되어 있습니다.

실제로 이해관계자 가치를 중요시하고 있는 기업의 사례를 살펴보겠습니다. '펀Fun경영'으로 유명한 사우스웨스트항공은 특별히 고객과 직원을 경영의 중심에 두고 있습니다. 그들의 철학은 무한 고객감동으로 나타나고 있으며, 9·11테러로 인한 심각한 항공업의 위기 속에서도 단 한 명도 감원을 하지 않고 사람 중시 경영을 하게 하는 힘이 되고 있습니다. 존슨앤존슨Johnson & Johnson은 아주 구체적이고 세분화된 이해관계자에 대한 책임을 표방하는 기업입니다. 사명인 '우리의 신조'에서 의사, 간호사, 환자, 부모, 소비자, 납품업체, 유통업체, 직원, 지역사회와 세계, 주주에 대한 책임을 언급하고 있습니다. 그러한 사명이 타이레놀 독극물 사건과 같은 위기를 극복하는 힘이 되었음은 물론입니다.

≪포천Fortune≫이 선정하는 '미국에서 가장 일하기 좋은 기업'에 꾸준히 이름을 올리고 있는 세계 최대 유기농 식품 유통업체인 '홀푸드마켓Whole Foods Market'에는 기업의 핵심 가치를 담은 '상호의존선언

Declaration of Interdependence'6이 있습니다. 이 선언은 1985년에 60명의 직원들이 자발적으로 시간을 내어 만들었으며, 이후 세 차례에 걸쳐 보완되었습니다. 홀푸드마켓은 상호의존선언에서 "우리의 목표는 모든 이해관계자들을 만족시키는 것과 우리의 기준을 성취하는 것이다"라고 하여 이해관계자들을 중시하는 경영이 그들의 사업 목표이며 가치관임을 분명히 하고 있습니다. 이와 더불어 리더십의 가장 중요한 책임 중 하나는 "우리의 다양한 이해관계자들의 이익과 욕망 그리고 필요가 균형을 유지하도록 보장하는 것이다"라고 선언하고 있습니다. 이런 철학을 반영하듯, 회사의 성공을 가늠하는 기준도 '고객만족과 구성원의 우수성과 행복, ROI(투자자본수익률), 환경 개선 그리고 지역사회의 지지'라고 밝히고 있습니다. 또한, 이 선언에는 이해관계자들이 명확한 상호의존감을 느끼게 하기 위해 자주, 공개적으로, 정답게 커뮤니케이션 노력을 해야 한다고 합니다. 이해와 신뢰는 더 좋은 커뮤니케이션에서 비롯된다고 믿는 것이지요.

우리나라에도 이해관계자 가치를 추구하는 기업들이 있습니다. 포스코의 경영철학은 열린경영, 창조경영, 환경경영인데요, 여기서 열린경영은 "경청의 자세를 기반으로 모든 경영활동을 이해관계자들이 신뢰할 수 있는 수준까지 향상시킴으로써 사랑과 존경을 받는 기업으로 발전한다"라고 설정하여 이해관계자 경영을 천명하고 있습니다. 또한 2011년 6월에는 '사랑받는 기업' 헌장을 발표하고, 사회와 환경, 직원, 고객, 투자자, 파트너사의 가치를 균형적으로 추구하여 모든 이해관계자들로부터 사랑받는 기업이 되겠다는 선언을 한 바 있습니다. 삼성전자는 인재경영, 정도경영, 녹색경영, 사회공헌, 협력사 상생의 5대 영역에서 이해관계자의 요구에 적극적으로 대응하는 지속가능경영을 전략적으로 추진해나가고 있습니다. 현대자동차도 '2020 사회책임중장기 전략'으로 "모든 이해관계자들과 함께 지속가능한 미래의 가치를 창조하고 그 결과를 균형 있게 공유하는 기업"이 된다는 지속가능경영 전략을 가지고 있습니다. 이처럼 글로벌기업을 필두로 많은 기업이 이해관계자 가치를 고려하는 경영에 대해 점차 높은 관심을 갖게 되는 현상은 매우 바람직한 일인 것입니다.

이해관계자를 확인하라

기업의 핵심 이해관계자를 확인하는 과정은 흡사 마케팅에서 시장을 세분화하고 목표고객을 선정하는 것과 유사하며 여러 가지 기준이 적용될 수 있습니다. 그렇다면 학자들은 이해관계자를 어떻게 확인하고, 분류하며, 우선순위를 매기는지에 대한 주요 논의들을 살펴보도록 하겠습니다.

미국 벤틀리대학 라젠드라 시소디어Rajendra S. Sisodia 교수와 소비자행동 전문가인 데이비드 울프David B. Wolfe, 에모리대학 잭디시 세스Jagdish N. Sheth 교수는 현대 기업과 관련된 다섯 가지 주요 이해당사자로 'SPICE'를 얘기합니다. 즉, 사회Society, 파트너Partner, 투자자Investor, 고객Customer, 직원Employee입니다. 이들 이해관계자의 머리글자를 모으면 SPICE(양념)인데요, 좋은 요리가 되려면 각각의 양념이 잘 어우러져야 하듯이 다섯 이해관계자가 잘 어우러지면 사랑받는 기업이라는 좋은 요리가 탄생한다는 의미입니다.[7]

캐나다 빅토리아대학의 로날드 미첼Ronald K. Mitchell 교수와 피츠버그대학의 브래들리 에이글Bradley R. Agle, 도나 우드Donna J. Wood 교수는 이해관계자 속성을 '힘Power', '합법성Legitimacy', '긴급성Urgency'의 세 가지로 보고, 이들 속성을 얼마나 많이 갖고 있느냐에 따라 우선순위가 결정된다고 합니다.[8] 우선, 세 가지 속성을 모두 갖고 있는 이해관계자를 '확정적 이해관계자Definitive Stakeholders'라고 부릅니다. 이들은 1순위로 선정해야 할 이해관계자들입니다. 다음으로 2순위의 이해관계자는 세 가지 속성 중 두 가지를 가진 '예정된 이해관계자Expectant Stakeholders'입니다. 예정된 이해관계자는 힘과 합법성을 갖고 있는 '지배적 이해관계자Dominant Stakeholders'와 힘은 없지만 긴급하고 합법적인 요구를 가지고 있는 '의존적 이해관계자Dependant Stakeholders', 그리고 합법적이지는 않지만 힘과 긴급성을 갖고 있는 '위험한 이해관계자Dangerous Stakeholders'가 있다고 합니다. 마지막 3순위 이해관계자는 한 가지 속성만을 가진 '잠재적 이해관계자Latent Stakeholders'입니다. 여기에는 합법적 관계나 긴급한 요구는 없지만 힘은 가지고 있는 '잠자는 이해관계자Dormant Stakeholders', 힘과 긴급한 요구는 없지만 합법성을 가지고 있는 '임의적 이해관계자Discretionary Stakeholders', 합법성도 없고 힘도 없지만 긴급한 요구는 있는 '요구하는 이해관계자Demanding

Stakeholders'가 있습니다. 세 가지 속성 중 어느 하나도 갖지 못한 이해관계자는 이해관계자가 아니거나, '가능성 있는 이해관계자Potential Stakeholders'입니다.

한편, PR학에서는 이해관계자라는 표현보다 공중Public이라는 표현을 더 많이 사용합니다. 여기서 공중이란 공통의 이슈나 쟁점을 중심으로 형성된 그룹을 의미합니다.

PR학자인 미국 메릴랜드대학의 제임스 그루닉James E. Grunig 교수와 러트거스대학의 토드 헌트Todd Hunt 교수는 '상황이론Situational Theory'을 통해서 공중이 조직의 영향으로 피해를 입는 상황을 어떻게 인식하는지 측정하여 공중의 커뮤니케이션 행동을 이해할 수 있다고 합니다.[9] 그루닉은 공중을 분류하기 위해 세 가지의 독립변인으로 '문제인식Problem Recognition', '제약인식Constraint Recognition', '관여정도Level of Involvement'를 사용하며, 종속변인으로 적극적 커뮤니케이션 행동인 정보추구Information Seeking와 수동적 커뮤니케이션 행동인 정보처리Information Processing를 말합니다. 문제인식과 제약인식, 관여정도에 따라 정보추구와 정보처리 행동이 달라진다는 것입니다. 문제인식이 높으면 정보추구와 정보처리 효과를 증대시키고, 제약인식이 높으면 정보추구와 정보처리 가능성을 감소시킵니다. 관여정도가 높으면 문제를 인식하게 하고, 제약요인의 인식을 감소시킵니다. 또한, 독립변인인 문제인식과 제약인식의 높고 낮음에 따라 공중의 행동유형을 네 가지(문제직면적 행동, 제약된 행동, 일상적 행동, 숙명적 행동)로 구분하고, 관여정도의 높낮이에 따라 공중의 유형을 '활동적 공중Active Public', '자각적 공중Aware Public', '잠재적 공중Latent Public', '비공중Nonpublic'으로 나누고 있습니다. 결론적으로 문제인식과 관여정도가 높고 제약인식이 낮은 활동적 공중이 정보를 추구할 가능성이 더욱 높다는 것입니다.

커크 할라한Kirk Hallahan 콜로라도주립대학 교수는 이슈발생과 대응에 관한 '이슈처리모델Issues Processes Model'이론에서 특별한 주제에 관한 '지식Knowledge'과 '관여Involvement'의 수준에 따라 공중을 네 가지로 분류합니다.[10] 지식은 능력에 관계된 요소이며 어떤 주제에 대한 신념, 태도, 전문성과 같은 것으로서 그 주제와 관련한 정보와 논쟁을 처리하는 능력과 관계가 있습니다. 이에 반해 동기Motivation 요인인 관여는 주제에 대해 주의를 기울이고 커뮤니케이션 하는 개인의 성향입니다. 지식과 관여가 모두 높은 공중을 '활동적 공중Active Publics'이라고 합니다. 높은 지식과 관여는 특정한 주제에 대해 행동주의로 나가게 하는 조건입니다. 관여는 높지만 지식은 낮은 공중을 '환기된 공중Aroused Publics', 지식은 높고 관여는 낮은 공중을 '자각적 공중Aware Publics', 지식과 관여가 모두 낮은 공중을 '비활동적 공중Inactive Publics'이라고 합니다. 이에 따라 활동적 공중에게는 협상Negotiation 전략을, 환기된 공중에게는 중재Intervention 전략을, 자각적 공중에게는 교육Education 전략을, 비활동 공중에게는 예방Prevention 전략을 사용할 수 있다고 합니나.

더그 뉴섬Doug Newsom, 주디 벤슬라이크 터크Judy Vanslyke Turk와 딘 크럭크버그Dean Kruckeberg는 여러 공중 가운데 특히 초점이 되는 특정한 공중을 우선공중priority public이라고 하고, 우선공중은 세 가지 방법 ① 명명식('주주'와 같이 이름을 붙이는 방법), ② 인구통계학적 특성, ③ 심리학적 특성으로 분류할 수 있다고 합니다.[11] 뉴섬 등은 우선공중을 선정하는 데 활용할 수 있는 지표로 'PVIPublic Vulnerability Importance'를 소개하고 있는데요, 'P+V=I'라는 공식으로 표현됩니다. 이 공식은 조직에 영향을 미치는 공중의 잠재력Potential에 해당 공중으로부터 영향을 받을 수 있는 조직의 취약성Vulnerability을 더하면 공중의 중요성 정도Importance를 산출할 수 있다는 의미이며, 중요성 정도가 높을 수록 공중의 영향력이 크다고 할 수 있습니다.

신뢰를 강화하라

기업이 이해관계자들과 우호적인 관계를 구축해나가면서 가장 핵심적으로 고려해야 하는 것은 신뢰입니다. 또한, 신뢰는 경영 전반의 투명성 확보라는 장치를 통해 구체적으로 구현될 수 있습니다. 경영컨설턴트인 돈 탭스콧Don Tapscott과 데이비드 티콜David Ticoll은 저서 『투명경영The Naked Corporation』에서 기업이 번영하기 위해서는 무엇보다 이해관계자들과 신뢰를 쌓아야 한다고 합니다. 그리고 신뢰관계를 강화하는 방법은 투명성을 확보하는 것이라고 합니다. 또한 투명성은 신뢰가 생성되는 과정에도 영향을 미쳐 신뢰가 강화, 약화되거나 통합, 파괴되는 속도를 가속화시킵니다. 이렇게 본다면 투명성과 신뢰는 서로 떼려야 뗄 수 없는 관계인 것입니다. 여기서 '투명성'이란 "특정 기관의 이해관계자들의 이해관계에 영향을 미칠 수 있는 요인들에 대해 해당 이해관계자들이 정보를 입수할 수 있는 가능성"을 말합니다.[12] 기업과 이해관계자들 간에 발생하는 대립과 갈등, 반목의 근본원인을 파고들면 어김없이 상호불신과 불투명이 문제였던 경우가 많았다는 사실을 상기해보면 신뢰와 투명성 확보가 얼마나 절실한 문제인지 느낄 수 있습니다.

탭스콧과 티콜은 신뢰와 투명성이 핵심인 새로운 유형의 기업모델로 '개방형 기업'을 언급하고 다음과 같이 설명하고 있습니다. "개방형 기업은 경쟁상 중요한 정보와 보안문제를 철저하게 관리하는 반면, 능동적 투명성을 지향한다. 개방형 기업은 신뢰를 지속하기 위해서는 정직, 책임감, 세심한 배려 등의 원칙에 투명성을 접목시켜야 한다는 사실을 잘 알고 있다. 그들은 네크워크화된 사업모델을 채택하며 고객, 사원, 협력업체, 주주, 일반 대중 간의 호혜적 상호작용이 사업 성공에 필수적이라는 사실을 이해하고 있다. 개방형 기업의 목적은 모든 이해관계자 집단이 공유할 수 있는 가치를 창출하는 일이며, 협업과정을 통해 이해관계자들 간에 이해상충 상황이 발생하는 경우 절충점을 모색한다."

미시간대학의 C. K. 프라할라드C.K. Prahalad 교수와 벤카트 라마스와미Venkat Ramaswamy 교수는 『경쟁의 미래The Future of Competition』에서, 과거의 전통적인 가치 창출 시스템은 회사가 제품과 서비스를 창출하고 소비자는 단지 수요자일 뿐이었지만 새로운 가치 창출 시스템은 회사와 소비자가 공동으로 가치를 창출하는 것이라고 합니다.[13] 이러한 공동가치를 창출하는 기본 원칙 중 하나가 투명성입니다. 과거 기업들은 소비자와의 정보불균형으로 돈을 벌었지만, 이제는 소비자들의 정보에 대한 접근이 용이해졌기 때문에 투명하지 않으면 안 되는 것입니다.

≪포천≫이 매년 선정하는 '미국에서 가장 일하기 좋은 100대 기업'의 선정자인 로버트 레버링Robert Levering 박사는 저서인 『훌륭한 일터A Great Place to Work』에서 일하기 좋은 '훌륭한 일터'라는 것은 "구성원이 자신의 상사와 경영진을 신뢰하고, 자기 일에 자부심을 느끼며, 함께 일하는 동료들 간에 일하는 재미를 느낄 수 있는 곳이다"라고 합니다.[14] 다시 말해 훌륭한 일터를 만드는 것은 제도보다 조직과 개인 간의 관계에 달렸으며, 그 관계를 결정하는 것은 바로 '신뢰'라는 것입니다. 물론, 직원들이 일하기 좋은 훌륭한 일터가 탁월한 성과도 나타낸다고 합니다.

직원 몰입과 이직 방지 분야 전문가인 폴 마르시아노Paul L. Marciano 박사는 저서 『존중하라: 존중받는 직원이 일을 즐긴다Carrots and Sticks don't work』에서 회사의 관리자가 직원을 신뢰하면 직원은 존중받는다는 감정을 갖게 되고 관리자와 회사를 더 존중하게 된다고 합니다. 이러한 상호신뢰는 실패에 대한 위험을 감내하고 자신 있게 일할 수 있는 혁신적인 문화를 형성해서 창의성과 적극성을 높이게 됩니다. 또한, 정보와 자원을 서로 공유하게 되면서 협력이 강화되고 의사결정과정도 신속하고 명확해집니다.

만일 회사가 변화와 개혁을 시도한다면, 신뢰는 변화에 대한 직원들의 저항도 줄일 수 있습니다. 신뢰는 안경과 같은 역할을 해서 "신뢰라는 안경으로 사람을 보면 언제나 긍정적인 결론을 내리게 되고, 불신이라는 안경을 쓰면 최악의 결과를 생각하게 된다"[15]라고 합니다. 마르시아노 박사는 신뢰를 쌓기 위해서 필요한 것이 지나치다 싶을 만큼의 투명성과 커뮤니케이션이며, 신뢰는 상사가 부하 직원에게 먼저 보여줘야 된다고 했습니다. 기업에서 주도적으로 실무를 맡고 있는 직원들은 대개 20~30대입니다. 이들 신세대 직장인은 개인적이고 사소한 이야기까지도 SNS에 공개적으로 오픈하는 매우 개방적인 태도를 가지고 있습니다. 이러한 신세대의 특징을 감안했을 때 이들이 회사와 상사에 대한 신뢰를 갖게 하려면 무엇보다 투명성이 강조되어야 합니다.

탭스콧과 티콜은 "특정 기업이 고객과 주주, 협력업체와 기타 이해관계자들을 어떻게 대하고 있는지 알 수 있는 가장 확실한 방법은 그 기업의 사원들을 어떻게 대하고 있는지 알아보는 것이다"[16]라고 했습니다. 투명성과 가치는 내부로부터 드러나기 마련이므로 조직 내부의 신뢰가 얼마나 중요한지 알 수 있습니다. 하나를 보면 열을 안다는 얘기입니다. 시소디어와 울프, 세스도 신뢰라는 것은 이해관계자들의 기대를 만족시킨 결과로 나타나는 것이며 신뢰를 측정하면 회사가 모든 이해관계자들을 어떻게 대우하는지 가늠할 수 있다고 했습니다.[17] 이처럼 신뢰는 기업과 모든 이해관계자들의 관계의 질을 결정하는 기본적인 요소입니다.

PR의 범주

이해관계자들과 우호적인 관계를 형성하고 소통하는 것을 대상과 상황이라는 두 가지 기준으로 살펴보겠습니다. 우선 PR활동의 대상에 따라 언론관계Media Relations, 소비자/고객관계Consumer/Customer Relations, 주주관계Investor Relations, 직원관계Employee Relations, 정부관계Government Relations, 지역사회관계Community Relations를 비롯한 다양한 관계가 있습니다. 다른 한편으로 상황을 중심으로 본다면 위기관리, 여론관리, 평판관리 등이 이에 해당될 것입니다.

이처럼 PR의 범주는 광범위하기 때문에 실제로 실무에서 벌어지는 PR활동도 매우 다양한 모습으로 나타납니다. 이런 현상은 특히 국가별, 산업별, 기업별로 처한 상황과 발전단계가 각기 다르기 때문이기도 합니다. 예를 들면, 대주주가 정부인 기업이나 비상장기업 같은 경우는 주주관계가 상대적으로 활성화될 수 없고, 권위적인 기업문화를 가지고 있는 기업에서는 직원관계에 관심을 갖기 힘들 것입니다. 마찬가지로 기업의 사회적 역할에 대한 이해가 부족한 기업에서 지역사회관계는 의미가 없고, 시장에서 독점적 지위를 누리고 있는 기업은 소비자/고객관계에 소홀할 수 있습니다. 언론관계는 언론의 공신력과 영향력 때문에 기업PR의 중심에 서 있지만, 언론의 감시기능 때문에 경영의 투명성이 떨어지는 기업에서 활동이 강화되는 모습을 보이기도 합니다.

기업은 여러 이해관계자들과 얽히고설킨 거대한 관계망 속에서 존속하고 발전해갑니다. 그렇기 때문에 이들의 목소리를 주의 깊게 듣고 끊임없이 대화하고 우호적인 관계를 형성해가는 것이야 말로 기업의 성공을 위해 매우 중요한 일입니다.

PR의 4모델

그루닉과 헌트는 1984년에 '언론대행/언론홍보모델', '공공정보모델', '쌍방향불균형모델', '쌍방향균형모델'이라는 'PR의 4모델'을 제시한 바 있습니다.[18] PR의 역사적 발전단계를 설명한 것이기도 한데요, 여기서 언론대행/언론홍보모델은 선전이 목적이며, 공공정보모델은 정보의 확산이 목적입니다. 이 두 가지 모델은 일방적 커뮤니케이션이 특징입니다. 쌍방향불균형모델과 쌍방향균형모델은 쌍방향 커뮤니케이션이 특징입니다만, 쌍방향불균형모델에서는 과학적인 설득이 목적이며 공중으로부터의 커뮤니케이션은 단지 '피드백'일 뿐입니다. 빈면에 쌍방향균형모델은 소통의 의미를 담고 있습니다. 조직과 공중 간에 대화가 일어나고 상호이해를 통해 서로 변화하는 것입니다. PR의 4 모델은 1992년 제임스 그루닉 등의 연구결과인 '우수이론Excellence Theory'에서 일부 수정되었는데요, 쌍방향불균형모델과 쌍방향균형모델은 혼합적으로 사용될 수 있다고 했습니다.

'PR의 4모델' 안에는 우리가 흔히 쓰는 홍보의 개념과 새롭게 떠오르는 PR의 개념이 모두 포함되어 있습니다. 이미 사회환경은 쌍방향균형모델의 소통을 원하고 있는데, 우리 기업들은 언론대행/언론홍보모델이나 공공정보모델에 충실한 PR을 하고 있는 것은 아닌지 생각해볼 필요가 있습니다. 이제는 넓은 개념적 스펙트럼을 가지고 있는 PR의 의미를 재발견할 시점이 되었다고 생각합니다. 더 이상 피할 것은 피하고 알릴 것은 알리는 활동이 아니라, 기업에 영향을 미치는 환경을 분석하고 기업을 둘러싼 공중과 기업 간에 이해와 협력을 쌓아가는 매우 중요한 경영활동으로 이해해야 할 것입니다.

제3의 자본 – 소통자본

점차 불확실성이 증대되고 변화무쌍해지는 경영환경에 직면하여 기업이 외부 환경과 끊임없이 소통해야만 하는 개방적인 체계라는 점을 이해하는 것과 이해관계자들과 상호이해, 협조의 관계를 구축해서 지속적으로 소통해야 한다는 사고는 시대적 흐름에 따른 유행이나 단지 하나의 경영기능이 아닙니다. 오히려 기업을 움직이는 기본적인 동력이 된다는 의미에서 자본이라고 보는 것이 타당합니다. 이 새로운 자본은 대차대조표상에 직접적으로 나타나지 않습니다. 인적 · 물적 자본 또는 지식 · 감성자본이라고 불리는 것들과도 다른 제3의 자본입니다. 우리는 이 자본을 '소통자본疏通資本'이라고 부를 수 있을 것입니다.

소통자본은 기업이 거대한 관계망 속에 존재한다는 인식을 갖고, 이해관계자들과 우호적인 관계를 형성하기 위해 쌍방향 커뮤니케이션을 하면서 기업과 사회에 모두 유익한 방향으로 나아가는 모든 노력과 과정, 결과를 말합니다. 소통자본을 통해 형성된 명성, 신뢰, 존경, 믿음, 헌신과 같은 가치들은 열정적인 직원, 충성스러운 고객, 우호적인 시민사회와의 관계를 만들어냅니다. 이 관계는 궁극적으로 기업이 사회와 더불어 공존하고 공동체적 가치를 끊임없이 만들어내면서 지속가능한 기업이 되는 데 있어서 핵심적인 역할을 수행하게 될 것입니다.

시소디어와 울프, 세스는 그들의 저서 『위대한 기업을 넘어 사랑받는 기업으로Firms of Endearment』에서 "사랑받는 기업이란 모든 이해당사자 집단의 이익을 전략적으로 정렬함으로써 모두로부터 사랑을 받는 회사를 지칭한다. 이런 기업과 관련된 어떤 이해당사자도 다른 이해당사자 집단의 희생으로 혜택을 보지 않으며, 각 이해당사자 집단은 자체적으로 각각의 번영을 누린다. 이런 기업들은 이해당사자들이 원하는 유 · 무형의 요구를 만족시키고 있고, 그 보답으로 이해당사자들은 기꺼이 그 기업에 애정과 충성심을 갖게 된다"[19]라고 했습니다. 이해관계자들과 좋은 관계를 구축하고 소통하는 기업이 사랑받는 기업이라는 것이지요. 그리고 사랑받는 기업은 재무적으로도 성과가 뛰어납니다. 당초 시소디어 교수 등은 2007년 발간된 위 저서에서 '사랑받는 기업'으로 28개 기업을 선정해 그 가운데 18개 상장기업을 대상으로 수익률을 측정했습니다. 결과를 보니 시장 평균보다 높은 수익률이 나왔습니다. 2014년 1월 발간된 2판에서는 '사랑받는 기업'으로 미국 상장회사 28개사, 미국 비상장회사 29개사, 미국 이외의 나라 회사 15개사(우리나라 기업으로는 포스코가 선정)가 선정됐습니다. 1998년부터 2013년까지 15년 동안의 누적 수익률을 조사해보니 S&P500기업이 118%였던 반면, 미국의 사랑받는 기업이 1,681%, 미국을 제외한 나라의 사랑받는 기업이 1,180%로 역시 시장 평균보다 높은 수익률을 나타냈습니다.[20]

지금으로부터 12년 전 피터 드러커Peter F. Drucker는 저서『Next Society』에서 다가올 사회의 기업과 경영자의 역할에 대해 다음과 같이 예측을 한 바 있습니다. "내일의 대기업, 그리고 특히 다국적 기업의 최고경영자가 당면할 가장 중요한 과제 가운데 하나는 기업이 단기적으로 그리고 장기적으로 성과를 올리는 데 필요하지만 상호충돌되는 요소 사이에서 균형을 잡고, 또한 기업의 다양한 이해관계자, 예컨대 고객, 주주(특히 기관투자자들과 연금기금들), 지식근로자, 그리고 지역사회의 이해 사이에서 균형을 잡는 일이 될 것이다."[21]

참고문헌

1 톰 피터스, 『초우량 기업의 조건』, 이동현 옮김(더난출판, 2005).

2 가레쓰 모르간, 『조직의 8가지 이미지』, 박상언 · 김주엽 옮김(지샘, 2004).

3 Leonard L. Berry, "Relationship Marketing of Services-Perspectives from 1983 and 2000." ≪Journal of Relationship Marketing≫ Vol. 1-1(2002).

4 Robert M. Morgan and Shelby D. Hunt, "The Commitment-Trust Theory of Relationship Marketing." ≪Journal of Marketing≫ Vol. 58(1994), pp. 20~38.

5 에드워드 프리먼 · 제프리 해리슨 · 앤드류 윅스, 『이해관계자를 위한 경영』, 김상영 옮김(재승출판, 2009).

6 http://www.wholefoodsmarket.com/mission-values/core-values/declaration-interdependence

7 라젠드라 시소디어 · 데이비드 울프 · 잭디시 세스, 『위대한 기업을 넘어 사랑받는 기업으로』, 권영설 · 최리아 공역(럭스미디어, 2008).

8 Ronald K. Mitchell, Bradley R. Agle, Donna J. Wood, "Toward a Theory of Stakeholder Identification and Salience: Defining the Principle of Who and What Really Counts", ≪The Academy of Management Review≫ Vol. 22, No. 4 (Oct., 1997), pp. 853~886.

9 James E. Grunig, Todd Hunt, *Managing Public Relations*(Holt, Rinehart & Winston, 1984).

10 Kirk Hallahan, "The Dynamics of Issues Activation and Response: An Issues Processes Model", ≪Journal of Public Relations Research≫ 13(1), pp. 27~59.

11 더그 뉴섬 · 주디 밴슬라이크 터크 · 딘 크럭크버그, 『PR 공중합의 형성 과정과 전략』, 박현순 옮김(커뮤니케이션북스, 2007).

12 돈 탭스콧 · 데이비드 티콜, 『투명경영』, 김병두 · 이진우 공역(김영사, 2005).

13 C.K. 프라할라드 · 벤카트 라마스와미, 『경쟁의 미래』, 김성수 옮김(세종서적, 2004).

14 로버트 레버링, 『훌륭한 일터』, 이관응 · 박재림 옮김(엘테크, 2002).

15 폴 마르시아노, 『존중하라: 존중받는 직원이 일을 즐긴다』, 이세현 옮김(처음북스, 2013).

16 돈 탭스콧 · 데이비드 티콜, 『투명경영』.

17 라젠드라 시소디어 · 데이비드 울프 · 잭디시 세스, 『위대한 기업을 넘어 사랑받는 기업으로』.

18 James E. Grunig and Todd Hunt, *Managing Public Relations*.

19 라젠드라 시소디어 · 데이비드 울프 · 잭디시 세스, 『위대한 기업을 넘어 사랑받는 기업으로』.

20 Rajundra S. Sisodia, Jagdish N. Sheth , David B. Wolfe, *Firms of Endearment*, Second Edition(Pearson Education, 2014).

21 피터 드러커, 『Next Society』, 이재규 옮김(한국경제신문, 2002).

CHAPTER 3

뿌리 깊은 나무는 바람에 흔들리지 않는다

사명Mission은 기업의 헌법

대학병원에 가본 사람들이라면 복도나 엘리베이터 입구 등에 걸린 멋진 액자를 본 기억이 있을 겁니다. 해당 병원의 사명mission, 비전vision, 가치value 등이 적혀 있는 액자입니다. 사명은 대개 인류의 건강을 책임지겠다, 의학발전에 기여하겠다는 내용이고, 비전은 세계적인 의료기관, 신뢰받는 병원, 첨단병원, 봉사기관, 교육기관을 지향한다고 되어 있습니다. 가치에는 신뢰, 희생, 고객, 인재, 혁신, 배려 등의 단어들이 나열되어 있는 것을 발견할 수 있습니다. 대학병원을 하나의 예로 들긴 했지만, 대기업을 중심으로 많은 기업이 사명과 비전, 가치를 가지고 있습니다. CEO가 바뀌거나, 뭔가 새로운 변화의 계기가 필요할 때 '비전 선포식' 같은 것을 대대적으로 하기도 합니다. 사명, 비전, 가치는 기업의 가치관이며 철학입니다. 기업의 존재 이유와 나아갈 방향, 행동규범 등을 선언적宣言的으로 규정해놓은 것이지요.

사명은 헌법에 비유할 수 있을 것입니다. 헌법이 어떤 법입니까? 국가의 근본법입니다. 국가의 이념과 체제, 통치구조, 국민의 기본권 등 한 국가의 총체적인 기준을 담고 있습니다. 그래서 헌법은 개정하기가 어렵고 개정한다고 해도 기본적인 조항들은 손을 댈 수 없습니다. 기업의 사명도 자주 바뀌면 안 됩니다. 대학병원의 경우만 봐도, 인류의 건강을 책임지고 의학발전에 기여하는 것이 몇 년 만에 가능한 일은 아니기 때문입니다.

사명은 기업이 어려운 결정을 내려야 할 때 지침서의 기능을 할 수 있습니다. 비전은 사명을 달성하기 위해 실행해야 하는 전략을 의미합니다. 구체적인 미래상으로 표현되지요. 그러면 가치는 무엇일까요? 기업의 사명과 비전 달성을 위해 직원들이 공유해야 하는 기본적 가치나 덕목이라고 할 수 있습니다.

실천적 가치관이 기업을 살린다

사명과 비전 그리고 가치는 그 자체만으로는 어떠한 힘도 발휘할 수 없습니다. 실천만이 효과를 담보할 수 있는 것입니다. 존슨앤존슨 사례는 실천적 가치관이 어떻게 기업을 위기에서 구했는지 잘 보여줍니다. 존슨앤존슨은 타이레놀, 존슨즈 베이비, 뉴트로지나, 아큐브 등으로 유명한 헬스케어 부문 세계 1위 기업입니다. 그런데 '우리의 신조Our Credo'라고 하는 기업의 사명과 타이레놀 독극물 사건으로 우리에게 더 유명한 기업이기도 합니다. 기업의 사회적 책임CSR: Corporate Social Responsibility, 위기관리PR의 모범 케이스로 빠지지 않고 등장하는 사례이기도 하고요. 다음에서 '우리의 신조'를 한 번 살펴보겠습니다.

우리의 신조

우리의 첫째 책임은 우리의 상품과 서비스의 수요자인 의사, 간호사, 환자와 자녀를 가진 아버지와 어머니를 비롯한 모든 사람에게 대한 것이라고 믿는다.

그들의 요구에 부응하기 위해 우리의 상품은 항상 최고의 품질이 유지되어야 한다. 우리는 적절한 상품가격을 유지하기 위하여 원가를 절감하는 노력을 끊임없이 경주하여야 한다. 우리는 고객의 주문을 신속하고 정확하게 처리하여야 한다. 우리의 제품을 취급하는 사업자도 정당한 이익을 올릴 수 있도록 하여야 한다.

우리의 둘째 책임은 전 세계 어디에서나 우리와 같이 근무하는 모든 남녀 직원에 대한 책임이다.

모든 직원은 각자가 한 인간으로서 대우받아야 한다. 우리는 그들의 인간적인 존엄성을 중시하고 각 개인의 가치를 인정하여야 한다. 우리는 모든 직원이 안심하고 직무를 수행할 수 있도록 하여야 한다. 대우는 정당하고 적절하여야 하며, 근무환경은 청결하고 잘 정돈되고 또한 안전하여야 한다. 우리는 모든 직원이 그들의 가족에 대한 책임을 다 할 수 있도록 세심한 배려를 하여야 한다. 직원들은 각자의 의견을 개진하거나 고충을 토로하는 데 자유로워야 한다. 직원의 채용, 능력 개발 및 자질을 갖춘 직원의 승진에 있어서는 균등한 기회가 제공되어야 한다. 우리는 우수한 경영진과 관리자를 확보하여야 하며, 경영관리는 공명정대하고 도덕적 바탕 위에 이루어져야 한다.

우리의 셋째 책임은 우리가 근무하고 생활하고 있는 지역사회는 물론 세계 공동체에 대한 책임이다.

우리는 선량한 시민이 되어야 하며, 선행과 자선을 베풀고 적절한 세금을 부담하여야 한다. 우리는 사회의 발전, 건강과 교육의 증진을 위하여 노력하여야 한다. 우리는 우리에게 특별히 제공된 모든 시설을 최상의 상태로 관리 유지하고, 환경과 천연자원을 보호하여야 한다.

우리의 마지막 책임은 회사의 주주에 대한 책임이다.

우리의 사업은 건전한 이익을 올릴 수 있어야 하며, 우리는 새로운 아이디어를 끊임없이 창출하여야 한다. 연구개발을 계속 수행하여야 하고, 혁신적인 프로그램을 기획하여야 하며, 실패의 경우는 이를 극복해나아가야 한다. 새로운 장비를 구입하여야 하며, 새로운 시설을 제공하여야 하고, 새로운 상품을 개발하여야 한다. 또한, 역경에 대비한 대책을 항상 강구하여야 한다. 우리는 이러한 원칙에 의거하여 사업을 수행함으로써 주주들이 정당한 이익배당을 받을 수 있게 하여야 한다.[1]

우리의 신조에는 의사, 간호사, 환자, 부모, 소비자에 대한 책임에서부터 납품업체, 유통업체에 대한 책임, 직원에 대한 기업의 책임, 지역사회와 세계에 대한 책임 그리고 주주에 대한 책임까지 언급되어 있습니다. 존슨앤존슨 스스로도 '우리의 신조'가 단순한 윤리기준 이상이며 사업 성공의 비결이라고 밝히고 있듯이, 우리의 신조는 존슨앤존슨의 가장 소중한 자산임에 틀림이 없을 것입니다.

1982년 미국에서 어떤 사람이 타이레놀에 청산가리를 넣은 사상 초유의 사태가 발생했습니다. 존슨앤존슨은 타이레놀 전량 회수라는, 비용이 약 7,500만 달러나 드는 어려운 결정을 내렸습니다. 이 과정에서 '우리의 신조'가 회사의 손해를 무릅쓰고 리콜을 할 수 있었던 판단의 기준이 되었음은 물론입니다. 급락한 시장점유율과 주가는 다섯 달 후 캡슐 변형 방지 처리된 타이레놀을 선보이자 이전처럼 회복되었고, 오히려 신뢰가 더 두터워지는 전화위복의 계기를 마련해주었습니다.

사명에 생명을 불어넣어라

기업의 성공과 실패를 좌우할 수도 있는 사명은 어떻게 만드는 것이 좋을까요? 퍼트리샤 존스Patrcia Jones와 래리 커해너Larry Kahaner는 『세계 최고기업들의 미션Say It and Live It』에서 미션 헌장 작성을 위한 여섯 가지 원칙을 제시하고 있습니다.[2] 첫 번째 원칙은 '단순하게 작성하라' 입니다. 미션은 한 문장일 수도 있고, 복잡하게 여러 부분으로 구성될 수도 있지만, 여러 부분인 경우라도 각각의 항목은 간단명료하게 되어 있어야 합니다. 즉, 이해를 돕기 위해 단순하게 작성해야 한다는 것입니다. 두 번째 원칙은 '전체 직원을 참여시켜라' 입니다. 참여 방식에 정답은 없지만, 최고경영자가 초안을 작성하고 임직원들이 검토하는 방식이 가장 적절하다고 합니다. 직원이 참여하는 방식은 자긍심을 높이고 실천과 참여를 기대할 수 있습니다. 세 번째 원칙은 '외부 인사의 명확하고 신선한 견해를 참고하라'는 것입니다. 회사 내부 사람들은 회사에 대해 객관적으로 바라보기 어렵기 때문에 외부 인사의 조언을 들어야 한다는 것입니다. 네 번째 원칙은 '기업의 개성과 분위기를 반영하라'는 것입니다. 해당 기업에 알맞은 문체와 문장으로 미션을 작성해야 기업의 개성을 잘 표현할 수 있습니다. 다섯 번째 원칙은 '다양한 방법으로 미션을 알려라' 입니다. 직원들에게 미션을 알리고 기업문화로 체화시키는 일은 결코 쉽지 않습니다. 따라서 회사마다 창의적인 방법을 찾아내야 합니다. 마지막 여섯 번째 원칙은 '미션 헌장을 지침으로 활용하라' 입니다. 미션 헌장은 현실성이 있어야 하고, 실천을 담보하기 위해 실천사항을 통해 직원을 평가할 수 있어야 합니다.

기업이미지는 아이덴티티 구축부터

2011년 11월 취업포털 사이트 '잡코리아'에서 대학생들을 대상으로 국내 주요 그룹사의 이미지를 조사한 적이 있었습니다.[3] 의인화擬人化기법을 사용해 각 그룹의 이미지를 사람으로 표현해서 흥미를 끌었는데요, 삼성은 지적인 연구개발직 남성, 현대자동차는 세련된 근육질 남성, SK는 참신한 20대 중반 남성, LG는 대중적 이미지의 남성, 롯데는 유행에 민감한 여성, KT는 친근한 남성으로 표현됐습니다. 이렇게 기업의 이미지를 인간적 특성으로 표현하는 것을 '브랜드 페르소나Brand Persona'라고 합니다. 이런 브랜드 페르소나와 함께 어떤 기업 하면 떠올리는 연상 즉, 브랜드 연상Brand Associations이 브랜드의 이미지를 만들어냅니다.[4]

우리는 흔히 어떤 기업의 이미지가 좋다, 나쁘다는 평가를 수시로 내립니다. 그리고 그 평가는 구매, 투자, 입사, 거래 등에 많은 영향을 미치고 있습니다. 2011년 11월 취업포털 사이트 '커리어'가 구직자를 대상으로 조사한 바에 따르면, 언론에 보도되는 기업이미지가 입사결정에 영향을 미친다는 응답이 조사대상자의 76.2%에 달했다고 합니다.[5] 이렇듯 이미지가 모든 것을 결정하는 세상이 되었습니다. 저명한 마케팅 전문가 알 리스Al Ries와 잭 트라우트Jack Trout도 그들의 공저인 『마케팅 불변의 원칙The 22 Immutable laws of Marketing』에서 "마케팅은 제품의 싸움이 아니라 인식의 싸움이다"[6]라고까지 말한 것을 보면 이미지는 마케팅에서도 핵심 중의 핵심 개념입니다.

브랜드연구 분야의 거장인 데이비드 아커David A. Aaker 미국 UC 버클리대학 교수는 저서 『데이비드 아커의 브랜드 경영Building Strong Brands』에서 브랜드 연상 이미지에는 제품의 속성, 유명인 모델, 특정한 심벌 등이 포함된다고 합니다. 그리고 브랜드와 관련된 이미지는 브랜드 아이덴티티Brand Identity에 의해 만들어지기 때문에 강력한 브랜드를 구축하기 위해서는 브랜드 아이덴티티를 개발하고 적용시켜야 한다고 합니다.[7] 이미지는 고객들이 어떤 기업에 대해 갖게 되는 주관적인 인상이고, 아이덴티티는 고객들이 기업을 이렇게 봐주었으면 하고 기업이 바라는 것이라고 할 수 있습니다. 따라서 기업이 먼저 추구하고자 하는 정체성을 갖추고 고객들에게 어필appeal하는 것이 순서일 것입니다. 기업 스스로 이러한 노력 없이 "왜 고객들은 우리 회사를 나쁘게 볼까?"라고 해봐야 소용없는 일이지요.

그러면 브랜드 아이덴티티는 어떻게 이루어져 있을까요? 아커 교수는 브랜드 아이덴티티가 네 개의 차원에서 만들어진 열두 개의 요소로 구성되어 있다고 말합니다. 구체적으로 설명해보면 제품으로서의 브랜드(제품의 범위, 특징, 품질과 가격, 사용경험, 사용자, 원산지), 조직으로서의 브랜드(조직의 특징, 지역 대 세계), 사람으로서의 브랜드(개성, 브랜드-고객의 관계), 상징으로서의 브랜드(시각적인 상징물과 은유, 브랜드 전통)입니다.

이렇게 보면 기업이미지의 기반이 되는 아이덴티티는 정말 많은 요소로 이루어져 있음을 알 수 있습니다. 쉽게 생각하듯이 유명한 연기자나 모델을 내세워 광고를 하거나, 기업로고나 컬러 같은 소위 CI를 변경하기만 하면 기업이미지가 금세 좋아지는 것이 아닙니다. 트위터와 페이스북을 한다고 해서 갑자기 젊은 이미지의 기업으로 바뀌어 젊은 고객들에게 호소력을 발휘할 수 있는 것도 아닙니다.

이미지는 어떻게 만들어지나

그렇다면 사람들은 어떤 기업에 대한 생각이나 느낌을 어떻게 갖게 되는 것인지 구체적으로 생각해볼 필요가 있습니다. 우선, 제품이나 서비스의 품질, 디자인, 색상, 구매경험, 직원의 친절 등 해당 기업의 제품이나 서비스를 통해 기업에 대한 이미지를 갖게 됩니다. 또한 언론보도나 광고에 영향을 받기도 하고, 주변에 어떤 기업의 직원이 있으면 그 사람이 자기 회사에 대해 말하는 것에 의해 좌우되기도 합니다. 사람들은 각자 자기 나름대로의 경험과 판단에 의해 기업을 평가하기 때문에 구전word of mouth도 꽤 영향력이 있습니다.

이렇듯 기업에 대한 이미지는 일일이 열거할 수 없을 정도로 무척 복잡하고 다양한 경로와 이해관계자들에 의해 형성됩니다. 기업이 고객, 주주, 직원 등 수많은 이해관계자들과 얽히고설킨 거대한 관계망 속에서 존재하기 때문에 당연히 발생하는 현상인 것이지요. 그렇기 때문에 기업의 이미지를 제고한다거나 이미 형성된 이미지를 바꾸는 것은 결코 생각만큼 간단한 일이 아닙니다. 기업아이덴티티를 확립하고 이미지를 향상시키려면 기업 전체가 이 일에 몰두해야 합니다. 단기가 아니라 장기간에 걸친 진정성 있는 행동들이 켜켜이 쌓이고 쌓여 만들어지는 과정인 것입니다. 또한 이미지는 한 순간에 고정되어 있지 않고 끊임없이 변하기도 하며, 일단 한번 강하게 형성된 이미지는 웬만해선 쉽게 바뀌지도 않습니다. 그래서 반드시 전략이 필요한 것입니다. 기업의 사명과 비전을 바로 세우고 그에 부합하는 이미지상의 정립과 포지셔닝positioning을 해야 합니다. 이와 같이 기업의 아이덴티티가 마련되면, 일관성 있는 커뮤니케이션 전략과 다양한 전술적 수단을 통해 여러 이해관계자들과 지속적으로 소통하면서 신뢰를 쌓아야 합니다. 그리고 각각의 결과는 꾸준히 측정되고 평가되어 전략과 전술의 수정, 보완으로 이어져야 합니다.

비전–문화–이미지를 정렬하라

기업의 가치관은 한갓 말장난에 불과하거나 멋진 액자 속에서 뽀얀 먼지를 뒤집어쓰고 있는 화석화된 가치관이 아니라 실천적 가치관으로 살아 숨 쉬어야 합니다. 실천하지 못하는 가치관은 오히려 기업에 해가 될 뿐입니다. 만일 지구환경을 생각한다는 멋진 사명을 가진 기업이 환경오염물질을 배출한다면, 광고를 통해 고객감동의 따뜻함을 외치지만 실제 고객이 느끼는 체감온도는 영하인 기업이 있다면, 평소에 직원만족이 고객만족이라고 강조하면서도 근무환경이 열악할 뿐만 아니라 성차별, 학력차별까지 하는 기업이 있다면, 또 비정규직 문제나 산업재해 예방과 보상에 인색한 기업이 사회공헌활동에 엄청난 돈을 쓰고 있다면 과연 어느 누가 그런 기업에 진정성을 느끼겠습니까? 기업이미지를 개선한다고 막대한 광고비를 써봐야 광고회사 좋은 일만 시키는 것이지요. 한마디로 겉 다르고 속 다르면 안 되는 것입니다.

이와 관련한 의미 있는 연구결과를 소개해볼까 합니다. 조직이론과 기업브랜딩연구로 유명한 미국 버지니아대학의 메리 조 해치 Mary Jo Hatch 교수와 덴마크 코펜하겐대학의 메이켄 슐츠Majken Schultz 교수는 레고그룹과 존슨앤존슨 등 브랜드 관리를 잘 하는 세계적 기업들과 공동으로 진행한 '기업브랜드 전략 프로젝트'를 통해 성공한 기업브랜드 뒤에는 반드시 일관성이 존재한다는 것을 밝혀낸 바 있습니다.[8] 즉 비전Vision, 문화Culture, 이미지Image 간의 일관성이 강하면 강할수록 브랜드파워가 강하다는 것입니다. '비전-문화-이미지 정렬 모델VCI Alignment Model'로 알려진 것인데요, 이 세 가지가 일관성이 없으면 조직은 심각한 정체성 장애에 빠지게 된다고 합니다. 그래서 기업은 수시로 삼자 간의 균열을 살피고 바로잡아야 하는데요, 비전을 이미지에 맞추려면 고객 등 외부 이해관계자들의 의견을 잘 듣고 대응해야 하고, 기업문화에 비전을 반영하려면 내부 직원들의 의견에 귀 기울이고 반응해야 한다고 합니다. 기업문화에 비전이 스며들면 CEO의 조직에 대한 열망이 직원들에게 내재화되어 기업의 비전을 추구하려는 동기와 창의성을 갖게 됩니다. 또한 기업문화가 이미지에 맞춰지면 직원들은 고객들로부터 칭찬을 받아 자존심이 강화되고 자신감을 갖게 되어 동기부여가 된다고 합니다. 결국 기업의 가치관을 바로 세우고, 직원과 고객 등 이해관계자들의 의견에 귀 기울이고 반응하는 것이 강력한 브랜드를 만드는 방법이라는 것입니다.

CEO는 최고의 자산 오너기업뿐 아니라 전문경영인 체제의 기업에서도 CEO는 그 기업의 상징입니다. 심지어 기업과 동일시되기도 합니다. 얼마 전 작고한 애플의 스티브 잡스Steve Jobs, GE의 잭 웰치Jack Welch 등을 생각해보면 이해가 될 겁니다. 어디 그뿐인가요? '기업문화의 아버지'라 불리는 에드거 샤인Edgar H. Schein 미국 MIT대학 슬로안경영대학원 교수는 최고경영진의 행동이야말로 기업문화에 영향을 주는 직접적인 요인이라고 얘기한 바 있습니다. CEO는 기업의 최고 자산이라고 해도 지나친 말이 아닐 것입니다.

그래서 대두된 것이 PIPresident Identity입니다. 서재경의 책 『기업인의 이미지』에 따르면, PI라는 말은 일본능률협회 경영컨설턴트였던 사카모토 주토쿠板本樹德가 처음 주창한 용어라고 합니다.[9] 기업의 이미지는 기업특성 위에서 형성되고 CEO는 기업을 상징하는 인물이기 때문에 CEO의 이미지 역시 기업의 특성에 맞게 형성되어야 한다는 것입니다. 따라서 기업의 이미지에 CEO의 이미지를 통일시키거나

가는 일체의 행위를 통틀어 'PI관리'라고 합니다. 기업 현장에서 PI관리는 다양한 방면에서 이루어지고 있습니다. 예컨대 CEO의 연설문이나 기고문 작성, 의상과 외모에 대한 관리, CEO 웹페이지나 블로그 운영, 신문 칼럼 기고, 인터뷰, 저서 출간 등과 같은 활동들이 있습니다. 기업은 PI관리를 통해 최고경영자의 긍정적인 이미지를 창출하고, 그 이미지 영향력을 기업으로 확산시키려 합니다.

구체적인 사례를 살펴보겠습니다. 먼저 저서를 출간한 CEO의 경우인데요, 대표적으로 GE의 CEO였던 잭 웰치 회장의 『잭 웰치, 끝없는 도전과 용기Jack: Straight from the Gut』, 『잭 웰치, 위대한 승리Winning』 같은 책들은 세계적인 베스트셀러가 됐습니다. 국내에서도 지난 1989년 대우그룹 김우중 회장의 『세계는 넓고 할 일은 많다』라는 책이 당시 대우그룹의 '세계경영'과 맞물려 세간에 큰 화제가 된 바 있습니다. 고故 정주영 전 현대그룹 명예회장도 자서전 『시련은 있어도 실패는 없다』를 통해 사람들에게 많은 감명을 주었습니다. 또 국회의원 안철수는 과거 안철수연구소 CEO였던 시절부터 꾸준한 저술을 통해 대중에게 친숙하게 다가왔습니다. 그는 2001년 『CEO 안철수 영혼이 있는 승부』, 2004년 『CEO 안철수, 지금 우리에게 필요한 것은』, 2009년 『행복 바이러스 안철수』 등 이미 여러 권의 책을 펴냈습니다. 한편, 최근에는 CEO가 직접 대중에게 다가가는 파격적인 모습을 보이기도 합니다. 두산그룹의 박용만 회장이 대표적인데요, 그는 트위터와 페이스북을 통해 자신의 생각과 소소한 일상들을 자연스럽게 표출하고 소통하는 가운데 트위터 팔로워가 16만 명을 넘어서면서 두산그룹의 이미지를 바꾸어놓았다는 긍정적인 평가까지 받고 있습니다. CEO의 말 한마디, 행동 하나는 고객과 주주, 기업 구성원들에게 엄청난 영향력을 가지고 있습니다.

CEO의 언행은 기업이 나아갈 방향과 목표, 가치, 기타 모든 정책을 보증하고 담보하는 최고의 지침이며 이해관계자와 기업을 연결하는 PR활동의 정수精髓라고 할 수 있습니다.

CEO리스크를 관리하라

CEO의 중요성을 나타내는 용어로 'CEO리스크'라는 말이 있습니다. 기업을 분석해서 주가의 향방을 예측하는 증권가 애널리스트 세계에서 흔히 사용되는 말입니다. 보통 애널리스트는 주가를 예측할 때 재무제표와 같은 정량적 평가 이외에도 CEO의 자질과 역량, 도덕성, 사업에 대한 열정과 의지 같은 정성적 평가를 중요하게 생각합니다. 아무리 매력적인 사업이고 성과가 탁월하더라도 CEO가 함량 미달이라면 CEO리스크가 크기 때문에 투자매력도가 떨어지는 것입니다. 최고경영자가 불법행위, 스캔들 등에 노출되면 그 기업은 주가 하락과 시장점유율 하락, 직원 이탈 등의 어려움에 직면하게 됩니다. 이러한 것들이 CEO리스크로 겪게 되는 일입니다. 오랜 세월을 걸쳐 쌓아온 기업의 명성이 한순간에 무너져 내릴 수 있는 것입니다. CEO리스크는 대기업보다 중소기업이나 벤처기업의 경우에 그 중요성이 배가倍加됩니다. 대기업은 관료화된 조직을 갖추고 있어 CEO리스크의 충격을 어느 정도 흡수할 수 있는 맷집이 있는 반면, 중소기업이나 벤처기업의 경우는 조직의 역할이 상대적으로 취약하기 때문에 CEO리스크는 곧바로 기업의 존망에 영향을 주는 경우가 많습니다.

참고문헌

1 www.jnj-korea.co.kr/vis_credo.html
2 퍼트리샤 존스 · 래리 커해너, 『세계 최고기업들의 미션』, 이진우 옮김(거름, 2004).
3 "대학생이 느끼는 6대 그룹 이미지는", ≪중앙일보≫, 2011.11.30.
4 스코트 M. 데이비스, 『브랜드 자산경영』, 박영미 · 최원식 옮김(거름, 2001).
5 "구직자 76%, "기업이미지, 입사지원 결정에 영향", ≪경향신문≫, 2011.11.30.
6 알 리스 · 잭 트라우트, 『마케팅 불변의 원칙』, 이수정 옮김(비즈니스맵, 2008).
7 데이비드 아커, 『데이비드 아커의 브랜드 경영』, 이상민 옮김(비즈니스북스, 2003).
8 메리 조 해치 · 메이켄 슐츠, 『기업브랜드의 전략적 경영』, 정창훈 · 권오영 옮김(비즈니스북스, 2010).
9 서재경, 『PI 기업인의 이미지』(김영사, 1992).

CHAPTER 4

사회적 책임을 다하는 기업

대세는 CSR스타일 요즘처럼 사회 전반에서 기부, 봉사, 사회공헌이 화두가 된 적이 없었던 것 같습니다. 유력 정치인, 기업인 그리고 연예인들의 기부, 사재 출연 소식도 심심치 않게 들려옵니다. 보다 따뜻한 사회, 나눔의 문화를 만들어간다는 점에서 훈훈한 소식임에 틀림이 없습니다. 기업들의 사회공헌활동은 종류와 방법도 다양해졌고, 국내외를 가리지 않고 광범위하게 펼쳐지고 있습니다. 전경련(전국경제인연합회)이 발간한 『2013 기업 · 기업재단 사회공헌백서』에 따르면 2012년 한 해 동안에만 225개 기업이 사회공헌활동에 약 3조 2,494억 원을 사용한 것으로 조사되었습니다.[1] 2011년에 비해서 약 5.2% 증가된 금액입니다. 1990년대에는 1조 원 미만이었던 기업의 사회공헌 규모가 3조 원대로 크게 늘어났습니다.

기업들은 왜 사회공헌활동에 적극적일까요? 우선 기업의 창업주나 CEO의 개인적인 신념에 따른 경우가 있을 수 있습니다. 부富의 사회환원이라는 가진 자의 역할과 기대에 부응하기 위한 목적입니다. 다른 한편으로는 기업이미지 제고를 통해서 마케팅을 강화하고 언론과 시민, 소비자단체 등으로부터 제기될 수 있는 사회적 압력에서 다소 자유로워지기 위한 보험의 성격도 있습니다. 2009년 전경련이 조사한 '기업 사회공헌에 대한 국민인식 조사'에 따르면, 응답자의 72.2%가 기업의 사회공헌이 기업이미지에 긍정적인 도움이 된다고 했습니다. 그리고 품질이 동일하다면 사회공헌활동을 하는 기업의 제품이 비싸도 구매하겠다는 응답이 78%에 달했습니다. 기업의 사회공헌활동 동기가 무엇인 것 같은지에 대한 대답은 기업의 사회적 이미지 개선(24.5%), 상품 브랜드이미지 개선(19.8%), 외부 요청이나 사회적 분위기(17.5%) 순으로 나타났습니다.[2]

이렇게 사회공헌이 기업이미지나 마케팅에 도움이 되다 보니 요즘에는 사회공헌활동을 마케팅적 관점으로 접근하는 사회지향적 마케팅societal marketing, 코즈마케팅cause marketing이 새로운 마케팅 기법으로 각광받고 있습니다. 그리고 사회공헌활동들을 소개하기 위해 언론홍보를 적극 활용하기도 합니다. 언론의 주목을 끌고 기사화 가능성을 높이기 위한 목적으로 사회공헌활동도 점차 새롭고 특이한 소재와 아이템을 찾는 방향으로 진화하고 있습니다. 이제 어지간한 봉사활동이나 사회공헌활동으로는 신문이나 방송에 소개되기가 매우 어려워졌습니다. 이렇게 최근 기업경영에서 중요한 관심사 가운데 하나가 사회공헌인 것은 틀림없는데요, 사실 그리 만만한 개념은 아닙니다. 역사적, 철학적 배경과 논쟁이 깔려 있는 개념입니다.

주주자본주의 vs. 이해관계자 자본주의

기업의 다양한 사회공헌활동을 포괄하는 전문용어가 바로 'CSRCorporate Social Responsibility'(기업의 사회적 책임)입니다. 사회적 책임Social Responsibility이라는 말을 처음 거론한 사람은 1951년 미국 뉴저지의 스탠더드오일Standard Oil 이사회 의장인 프랭크 아브람스Frank Abrams인데요, 기업 임원들의 사회에 대한 의무를 주장했습니다. 이후 1953년 미국의 경제학자 하워드 보웬Howard Bowen이 그의 저서 『기업인의 사회적 책임Social Responsibilities of the Businessman』에서 기업인의 사회적 책임을 강조하면서 정식으로 회자되기 시작했습니다.[3] 원래 미국은 주주자본주의가 탄생한 곳입니다. 주주자본주의는 주주를 경영의 중심에 두는 미국식 자본주의입니다. 19세기만 하더라도 주주에게 직접적으로 이익을 주지 않는 기업의 기부행위 등을 법으로 금지하기도 했었습니다. 사정이 그렇다 보니 당연히 논쟁거리가 될 수밖에 없었을 것입니다.

1960~70년대 기업의 사회적 책임에 대한 논쟁의 중심에 있었던

사람이 바로 1976년 노벨경제학상을 수상한 세계적인 경제학자 밀턴 프리드먼Milton Friedman입니다. 프리드먼은 케인즈학파에 반기를 든 시카고학파의 대부로, 1974년 노벨경제학상을 받은 프리드리히 하이에크Fredrich August von Hayek와 함께 신자유주의를 상징하는 대표적인 사상가입니다. 그는 1962년에 자신의 저서 『자본주의와 자유Capitalism and Freedom』에서 이렇게 말했습니다. "자유경제에서 기업이 지는 사회적 책임은 오로지 하나뿐인데, 이는 게임의 규칙을 준수하는 한에서 기업이익 극대화를 위하여 자원을 활용하고 이를 위한 활동에 매진하는 것, 즉 속임수나 기망행위 없이 공개적이고 자유로운 경쟁에 전념하는 것이다", "기업의 임직원들이 주주들을 위해 되도록 돈을 많이 버는 것 말고 다른 사회적 책임을 받아들이는 현상보다 자유사회의 근간을 근본적으로 허무는 경향은 드물다. 이것은 근본적으로 체제전복적인 교리다."[4] 또 1970년에는 ≪뉴욕타임스≫에 "기업의 사회적 책임은 이익을 증대하는 것이다The Social Responsibility of Business is to Increase Its Profits"라는 제목의 유명한 칼럼을 게재하기도 했습니다. 사실 밀턴 프리드먼의 논리는 오래된 역사 속의 얘기만은 아닙니다. 현재도 기업의 창업주나 CEO 중에는 이와 같은 입장을 가진 사람이 많이 있습니다. 기업을 세우고 고용을 창출하고 사회적으로 유용한 상품과 서비스를 제공하는 것 자체만으로도 사회에 큰 기여를 하는 것이라는 주장입니다.

그러나 이러한 논리에 대응하는 기업의 사회적 책임에 대한 논의는 꾸준히 영역을 넓혀나가게 됩니다. 기업의 사회적 책임을 부정하는 주주자본주의적 입장에 대항하는 이론이 바로 에드워드 프리먼의 '이해관계자이론'입니다. 기업은 주주가치뿐만 아니라 직원, 고객, 공급망, 비즈니스 파트너, 지역사회 등의 가치도 추구해야 한다는 것입니다. 이러한 이론은 기업의 규모가 커지고 영향력이 확대되면서 더 많은 책임을 져야 한다는 사회적 요구가 반영되어 강한 설득력을 얻고 확산되었습니다.

이렇게 기업의 사회에 대한 책임을 부정적, 긍정적으로 보는 견해가 대립하는 가운데 경영의 구루Guru로 평가되는 피터 드러커는 1986년 저서인 『프런티어의 조건The Frontiers of Management』에서 "다음 10년간 기업이 사회적 책임을 오직 자기 이익으로, 즉 사업기회로 변환하는 것만으로도 기업은 사회적 책임을 이행하는 것으로 간주된다"라고 했습니다.[5] 여기서 사회적 책임이란 미래의 일자리에 자금을 공급해줄 수 있는 자본을 창출하는 것을 말합니다. 그리고 자본형성의 원천은 기업의 이익이기 때문에 이런 사회적 책임이 충족되지 않으면 다른 책임도 충족될 수 없다는 것입니다.

기업의 4단계 책임론 기업이 사회적으로 져야 할 책임이 있다면 어디서부터 어디까지 책임을 져야 하는 것일까요? 이에 대한 가장 일반적인 설명으로 미국 조지아대학의 아치 캐롤Archie B. Carroll 교수가 말한 '경제 - 법 - 윤리 - 재량'의 4단계 책임이 있는데요,[6] 기업의 1차적 책임은 경제적 책임Economic responsibilities으로 사회가 원하는 상품과 서비스를 생산하고 이익을 남겨 판매하는 가장 중요한 첫 번째 책임을 말합니다. 2차적 책임은 법적인 책임Legal responsibilities으로 사회는 기업이 법적 요구의 틀 안에서 경제적 사명을 충족시키기를 기대합니다. 여기서 경제적 책임과 법적 책임은 동시에 충족되어야 합니다. 3차적 책임은 윤리적 책임Ethical responsibilities으로 반드시 법으로 성문화되어 있지는 않지만 사회가 기업에 기대하는 행동, 활동들입니다. 마지막 4차적 책임이 재량적(의지적) 책임Discretionary (Volitional) responsibilities으로 사회가 기업에 분명한 메시지를 주지는 않지만 기업의 개별적인 판단과 선택에 맡겨진 책임입니다. 아주 명쾌한 설명인데요, 기업이 경영을 잘해서 고용을 창출하고 이윤을 남기는 것과 법과 규정을 준수하고 윤리적인 경영을 하는 것은 기본인 것입니다. 여기에 덧붙여 자선활동을 통해 사회적 존재로서 기업이 적극적인 역할을 한다면 더욱 바람직할 것입니다.

이와 관련해 우리 기업의 현실을 돌아볼 필요가 있습니다. 재량적 책임은 잘 지키면서도 법적, 윤리적 책임은 도외시한다거나 경제적, 법적 책임을 회피하기 위해 윤리적, 재량적 책임에 더 많은 신경을 쓰는 경우입니다. 실제로 2011년 '바른사회공헌포럼'이 조사한 '기업 사회공헌활동에 대한 인식과 평가'에서 우리 국민들은 국내 기업의 사회공헌 점수가 5점 만점에 2.75점으로 미흡하다고 평가했습니다.[7] 자발성이 부족하고 일회성에 그친다는 이유 때문이었습니다. 한마디로 진실성이 부족해 보인다는 평가일 것입니다. 그렇기 때문에 기부, 봉사, 사회공헌, 사회적 마케팅, 공익마케팅, 코즈마케팅 등 그 명칭이 어떻든 간에 기업의 사회적 책임은 기업의 철학, 즉 기업의 사명이나 가치와 연계되어 있을 때 성과를 나타낼 수 있는 것입니다. 그리고 기업의 이해관계자들과 지속적인 커뮤니케이션을 통해 기업에 대한 다양한 목소리를 청취하고 기업과 관계된 사회경제적 문제에 어떻게 응답해야 하는지 항상 고민하는 노력이 필요합니다. 이를 통해 각 기업의 특성과 상황에 맞는 프로그램을 개발하고 꾸준한 활동을 해야 합니다.

공유가치의 창출 2011년 초, '5포스모델5forces model'로 유명한 경영전략의 대가 마이클 포터Michael E. Porter 미국 하버드 경영대학원 교수와 비영리 경영컨설팅회사 FSG의 설립자 마크 크레이머Mark R. Kramer 대표가 ≪하버드 비즈니스리뷰≫에 주목할만한 논문을 발표합니다. 이른바 '공유가치창출CSV: Creating Shared Value이론'인데요,[8] 기존 기업의 사회적 책임론에서 진일보한 개념입니다. 공유가치를 주장하는 근거는 이렇습니다. 이들은 기업이 사회 · 환경 · 경제문제와 같은 여러 문제의 원인으로 지목되고 있고, 신뢰와 존재가치의 정당성도 상실하고 있으며, 정부의 규제를 불러오는 등 악순환에 빠져 있다고 진단했습니다. 그리고 이렇게 된 이유는 기업이 단기적인 재무성과의 개선을 통해 가치창출을 하려 하기 때문에 경제적 효율성과 사회발전 사이에 상호배타적인 관계가 구축되어 있다는 것입니다. 따라서 이런 문제를 해결하기 위해서는 공유가치 개념이 필요하다는 것이지요.

공유가치 창출은 기업과 사회의 가치를 조화시켜 새로운 비즈니스 모델을 만들 수 있다는 주장입니다. 다시 말해서 아예 기업의 존재목적이 공유가치, 즉 경제적 가치와 사회적 가치를 동시에 창출하는 것으로 바뀌어야 한다는 말입니다. 예를 들면 신발 회사인 '탐스슈즈TOMS Shoes' 같은 경우가 있는데요, 소비자가 신발 한 켤레를 사면 한 켤레를 신발이 없는 제3세계 어린이에게 기부하는 '원 포 원One for One' 방식으로 운영되는 회사입니다. 탐스슈즈는 사업 취지도 좋지만 디자인도 세련돼 할리우드 스타들이 신으면서 유명해졌는데요, 2006년 창업한 신생 기업이지만 아주 빠른 발전을 보이고 있습니다.

보편적 가치로 확산되는 CSR

지금까지 주로 학자들의 견해를 중심으로 기업의 사회적 책임을 살펴보았지만, 사실 전 세계적으로 기업의 사회적 책임 여론이 확산된 직접적인 계기는 기업 자체에서 찾아야 할 것 같습니다. 예를 들면, 1990년대 중반 나이키의 동남아 공장에서 발생한 아동노동착취 문제라든가, 2002년

엔론과 월드콤의 회계부정 같은 사건들이 기업의 윤리의식에 경종을 울리며 사회적 책임의식을 다시 살펴보게 했습니다. 우리나라의 경우도 1990년대 중반 정도까지는 기업의 사회적 책임에 대한 논의가 그리 활발하지 않았습니다. 그러다가 점차 기업들의 정경유착과 비리, 환경문제 등이 이슈화되면서 관심이 고조되었습니다. 한편, 1997년 외환위기로 자본자유화가 가속화되면서 기업들이 외국인 투자자들의 눈높이에 맞추기 위해 회계투명성을 확보하고 윤리경영 등에 눈을 돌리게 된 측면도 있습니다. 이후 2000년대에 들어오면서부터는 기업경영에서 보편적인 개념으로 널리 받아들여지게 되었습니다.

기업은 사회공동체의 일원

기업의 사회적 책임과 관련해 여러 가지를 생각하게 하는 두 가지 사례를 소개해 보겠습니다. 먼저, 2012년 초 사회적으로 문제가 된 유명 아웃도어 브랜드의 패딩점퍼 가격논쟁입니다. 사실 수년 전부터 청소년들 사이에서 이 패딩점퍼가 유행하면서 비싼 가격 때문에 부모 등골이 휜다는 의미로 '등골브레이커'라는 신조어가 만들어졌고, 패딩점퍼의 가격대별 계급표가 인터넷에 떠돌기도 했습니다. 게다가 패딩점퍼를 갈취하는 청소년 범죄가 심심치 않게 일어나기도 했습니다.

한 시민단체에 의해 패딩점퍼의 가격문제가 불거지자 이 기업은 가격에 거품이 없다는 것을 수차례 밝혔지만 여론의 뭇매를 피하기 어려웠습니다. 표면적으로는 가격이 문제가 됐지만, 그 배경에는 그동안 해당 브랜드에 대해 쌓인 사회적 불만도 작용한 것이지요. 이에 해당 기업은 장학금 사업 등 여러 가지 사회공헌활동을 확대했지만 악화된 여론을 되돌리는 데에는 많은 노력과 시간이 필요했습니다. 이 틈을 타 경쟁 업체에서는 저렴한 제품을 적극적으로 마케팅하는가 하면 시장 탈환과 신규 진출의 기회로 활용하기도 했습니다.

이 사례에서 볼 수 있듯이 해당 기업은 패딩점퍼를 둘러싼 청소년 범죄와 탈선이 자사와 무관하다고 쉽게 생각했지만, 사회적 책임의 관점에서 자사 제품으로 인해 사회적 문제가 생겼기 때문에 관심을 가지고 적극적으로 해결하려는 노력을 기울였어야 합니다.

둘째로 2013년에는 유명 유제품 회사의 영업직원이 대리점주에게 욕설을 하는 녹취록이 유튜브에 공개되어 커다란 사회적 이슈를 만들기도 했습니다. 유통업계의 고질적인 밀어내기 관행이 도마 위에 오르면서 우리 사회에 해묵은 '갑을甲乙' 논쟁을 불러왔습니다. 사건 발생 후 해당 회사의 대표와 임원들이 대국민사과 기자회견을 했지만 진정성에 대한 의심을 사면서 제품 불매운동으로까지 이어졌고, '악덕기업'이라는 이미지 타격과 매출 감소, 주가 하락 등 많은 상처를 남긴 채 두 달여 만에 회사 측과 대리점협의회 간 합의로 일단락되었습니다.

사실 문제는 녹취록이 공개되기 훨씬 이전부터 제품 밀어내기 관행에 대해 대리점주들이 문제제기를 하면서부터 싹텄습니다. 회사

입장에서 쟁점관리, 위기관리의 실패인 셈이지요. 한마디로 소 잃고 외양간 고치는 형국이 된 것입니다. 기업의 사회적 책임은 기업이 주주뿐만 아니라 직원, 소비자, 협력업체, 지역사회 등 기업의 다양한 이해관계자들과 유기적으로 연결되어 있고, 기업은 이윤추구 이외에 사회공동체의 일원으로서 보다 넓은 책임을 지고 있다는 철학에 근거한다는 사실을 명심해야 하겠습니다.

참고문헌

1 전경련, 『기업 · 기업재단 사회공헌백서』(2013).

2 전경련, 『기업 사회공헌에 대한 국민인식 조사』(2009).

3 브래들리 K. 구긴스 · 필립 H. 머비스 · 스티븐 A. 로크린, 『세계 최고 기업들의 기업시민 활동』, 강주현 · 안젤라 옮김(FKI미디어, 2008).

4 밀턴 프리드먼, 『자본주의와 자유』, 심준보, 변동열 옮김(청아람미디어, 2007).

5 피터 드러커, 『프런티어의 조건』, 이재규, 이덕로 옮김(청림출판, 2011).

6 Archie B. Carroll, "A Three-Dimensional Conceptual Model of Corporate Performance," ≪The Academy of Management Review≫, 4-4(Oct., 1979), pp. 497~505.

7 "국내 기업 사회공헌도 5점 만점에 2.75점",≪문화일보≫, 2011.10.19.

8 마이클 E. 포터 · 마크 R. 크레이머, "'이익+사회공헌' 공유가치를 창출하라", ≪동아비즈니스리뷰≫ 86호, 우정이 옮김(2011).

CHAPTER 5

평판에 목숨 걸어라

평판리스크를 최소화하라

몇 해 전부터 은행권을 중심으로 평판Reputation을 관리하려는 움직임이 있습니다. 잇따른 횡령과 대출부정 등으로 인한 '평판리스크Reputation risk'를 최소화하고, 고객들로부터 신뢰를 회복하기 위한 노력으로 보입니다.

기업경영에서 평판이 중요한 것은 어제 오늘 얘기가 아닙니다만, 사실 평판리스크가 본격적으로 논의된 배경은 지난 2007년 미국 서브프라임 모기지(비우량 주택담보대출) 사태로 인한 글로벌 금융위기라고 봐야 할 것입니다. 많은 문제를 야기한 금융기관들의 경영방식과 행태에 대한 반성으로 리스크 관리문제가 수면 위로 부상하면서 재무적인 리스크와 함께 그 중요성을 재인식하게 된 것이지요.

이와 함께 금융기관 외부적인 분위기도 한몫을 하고 있습니다. '신BIS협약', 'Basel II', '신新바젤협약'이라 불리는 국제협약이 있습니다. 이 협약의 골자는 은행경영에서 발생하는 리스크를 관리하고 정확하게 반영해서 '자기자본비율BIS'을 산출하고, 리스크관리와 관련한 감독기관의 점검과 시장규율을 강화하기 위한 '자기자본규제제도'입니다. 바젤협약에서는 금융기관의 리스크를 재무적인 리스크와 비재무적인 리스크로 구분합니다. 재무적인 리스크는 신용, 시장, 금리, 유동성리스크를 말하고, 비재무적인 리스크는 운영, 평판, 전략리스크를 의미합니다. 신바젤협약 이전의 바젤협약에서는 재무적인 리스크가 주된 관리대상이었으나, 신바젤협약으로 인해 비재무적인 리스크 가운데 하나인 운영리스크(부적절한 내부 절차, 직원, 시스템 또는 외부 사건으로부터 초래되는 손실리스크)가 추가됐습니다. 평판, 전략리스크는 측정에 어려움이 있어 구체적인 관리지표를 정하지는 못했지만, 역시 관심대상입니다. S&P와 Fitch 같은 세계적인 신용평가회사들도 기업을 평가하고 신용등급을 결정하는 데 있어 ERMEnterprise Risk Management(전사적 리스크관리) 구축 여부를 중요한 평가요소로 삼고 있기도 합니다.

살펴본 바와 같이 평판리스크에 대한 논의는 주로 금융권을 중심으로 전개되고 있습니다. 금융기관의 서비스가 신뢰, 명성이라는 무형자산에 기반을 두고 있기 때문입니다. 또한 다른 산업과 달리 금융산업은 한번 잘못되면 국가경제적 파급효과가 워낙 크기 때문에 국내외적으로 규제와 감독의 대상이 되고 있습니다. 그러나 평판이 중요한 것은 어디 금융기관뿐이겠습니까?

존경받는 기업을 만들어라

우리는 흔히 평판이 좋다, 나쁘다는 말을 많이 하고, 대개 좋은 평판을 '명성'이라고 표현합니다. 기업이 평판을 잘 관리해서 명성을 얻게 되면 무엇이 좋을까요? 이 질문에 대한 답변은 정말 여러 가지가 있을 수 있습니다만 몇 가지만 살펴보면 우선, 명성을 가진 기업이 제공하는 상품과 서비스는 소비자들로부터 지속적으로 사랑을 받게 될 것이라는 점이 그 하나입니다. 상품과 서비스에 대해 믿을 수 있다고 하는 신뢰가 형성되는 것이지요. 소비자들의 사랑은 매출 증가로 이어져 재무적인 성과로 나타납니다. 명성이 있는 회사는 입사하고자 하는 사람도 많아질 것입니다. 우수한 인력을 채용하는 데 힘들이지 않아도 됩니다. 상장기업이라면 안정적인 투자자관계를 통해 적정 주가를 유지할 수 있고, 주식시장을 통한 자금조달을 원활히 할 수 있습니다. 직원들의 근무의욕이 높아지고 충성도가 올라가는 효과도 기대할 수 있습니다. 이 밖에 회사에 뜻하지 않은 위기가 닥쳤을 때에도 위기상황을 극복하는 데 한몫을 합니다. 평판이 좋은 기업은 위기가 오히려 기회로 작용하지만, 평판이 좋지 못한 기업은 작은 위기에도 쉽게 무너지는 법입니다.

누구나 평판을 알고 있지만 평판에 대해 정의를 내리기는 쉽지 않습니다. 한마디로 규정하기 어려운 여러 가지 요소가 복합적으로 내재되어 있기 때문입니다. 평판연구의 선구적인 학자인 찰스 J. 폼브런Charles J. Fombrun 뉴욕대학 스턴경영대학원 교수는 저서 『레퓨테이션Reputation』에서 "평판이란 기업에 대한 총체적인 평가를 의미한다"라고 말하고, 기업의 이름에 대한 고객, 투자자, 종업원 및 일반 공중의 순수한 감정적 또는 정서적 반응이 평판으로 나타난다고 했습니다.[1] 평판의 정체를 좀 더 구체적으로 확인하기 위해 평판을 구성하는 요소를 살펴보겠습니다. 경영컨설팅기업인 헤이그룹Hay Group과 ≪포천≫은 다음의 아홉 개 차원에서 회사를 평가하여 '가장 존경받는 기업Most Admired Companies'을 선정, 발표하고 있습니다.[2]

① 인재를 유치하고 유지하는 능력

② 경영의 자질

③ 지역사회와 환경에 대한 사회적 책임

④ 혁신성

⑤ 상품과 서비스의 품질

⑥ 기업자산의 현명한 활용

⑦ 재무적 건실성

⑧ 장기간의 투자가치

⑨ 세계적인 사업수행의 효율성

또한 미국의 여론조사업체인 '해리스 인터랙티브Harris Interactive'와 '평판연구소Reputation Institute'가 매년 조사 발표하고 있는 '평판지수RQ: Reputation Quotient'라는 것이 있습니다. 이 평판지수는 ① 제품 · 서비스, ② 재무성과, ③ 근무환경, ④ 사회적 책임, ⑤ 비전과 리더십, ⑥ 정서 소구訴求의 여섯 가지 차원에서 평판조사를 하고 있습니다.[3] 한편, 평판연구를 오랫동안 해온 로사 전Rosa Chun 스위스 IMD경영대학원 교수는 자신의 저서 『평판을 경영하라』에서 ≪포천≫의 존경받는 기업 선정방식이 단지 돈 잘 버는 기업이 뽑히게 되어 있다는 점을 비판하고, 다중 이해관계자들의 평판을 측정하기 위해 기업을 사람에 비유한 의인화기법을 사용하여 '선善, 흥興, 능能, 격格, 권權'이라는 다섯 가지 '기업평판척도CCS: Corporate Character Scale'를 개발, 소개했습니다.[4] 이렇게 평판에 관한 평가요소들을 보면 어느 한 분야에 집중되어 있는 것이 아니라 기업에 관한 거의 모든 것이 망라되어 있음을 알 수 있습니다. 그리고 기업에 대한 총체적인 평가는 단기간에 만들어지는 것이 아니라는 것을 쉽게 생각해볼 수 있습니다.

평판관리의 다섯 가지 원칙

폼브런 교수와 시스 반 리엘Cees B.M. Van Riel 네덜란드 에라스무스대학 로테르담경영대학원 교수는 저서 『명성을 얻어야 부가 따른다Fame and Fortune』에서 좋은 평판을 가진 기업과 그렇지 못한 기업의 차이점을 ① 가시성,

② 차별성, ③ 신뢰성, ④ 투명성, ⑤ 일관성의 다섯 가지로 설명하고 있습니다.[5] 평판관리의 기본적이고 핵심적인 원칙들이라 할 만합니다. 첫째, 가시성은 눈에 띄어야 한다는 것입니다. 물론 눈에 띈다는 것은 양날의 칼과도 같지만, 평판이 좋은 기업은 자사의 긍정적인 활동들을 적극적으로 알림으로써 관심을 끌고 있습니다.

둘째, 차별성이란 남들과 달라야 한다는 것입니다. 최고의 기업들은 경쟁사와는 다른 점을 분명히 가지고 있습니다. 예를 들면, 코카콜라, 나이키, 디즈니, IBM 등은 경쟁사들을 제치고 해당 산업군 또는 제품군을 대표한다는 평판을 가지고 있습니다. 이런 기업들은 핵심평판기반(평판플랫폼)을 통해 명성을 쌓아나갑니다. 존슨앤존슨은 '건강과 모성애', 나이키는 '마케팅과 디자인', 디즈니는 '행복', IBM은 '기술과 솔루션'이라는 평판기반을 중심으로 삼고 있습니다. 평판기반은 해당 기업의 주요 비즈니스 영역이 될 수도 있고, 고객이 얻게 되는 편익이 될 수도 있으며, 감성적인 부분이 될 수도 있습니다. 그리고 이러한 평판기반의 차별성을 전달하는 도구는 차별화된 슬로건, 차별화된 트레이드마크와 로고, 차별화된 기업의 이야기입니다.

셋째, 신뢰성은 평판을 강화하는 작용을 합니다. 신뢰는 오랜 기간 정의로운 일을 일관성 있게 했을 때 생겨납니다. 신뢰받는 기업은 원칙에 입각한 사업을 생활화하고 있습니다. 넷째, 투명성은 기업이 투명할수록 이해관계자들이 점점 더 신뢰를 하게 된다는 것입니다.

최고의 기업들이 자신의 투명성을 입증하기 위해 사용하는 투명성 기반으로는 제품과 서비스에 관한 투명성, 재무성과에 대한 투명성, 리더십과 비전에 대한 투명성, 기업시민정신에 대한 투명성, 근무환경에 관한 투명성이 있습니다. 다섯째, 일관성은 이해관계자들에게 보여주는 행동과 커뮤니케이션이 일치되어야 한다는 것입니다.

평판구축에 일관성을 부여하기 위해서는 5단계의 과정이 필요합니다. 1단계는 이해관계자와의 대화, 2단계는 공유된 정체성 강화, 3단계는 통합 커뮤니케이션 시스템 채택, 4단계는 직원들과 파트너들의 교육, 마지막 5단계는 측정입니다.

좋은 평판을 구축하기 위해서는 기업아이덴티티를 구축하고 이해관계자들과 우호적인 관계정립을 위한 커뮤니케이션을 하려고 노력해야 합니다. 이를 통해 이해관계자들이 갖는 이미지와 기업의 아이덴티티 사이의 갭Gap을 좁혀 나가야겠지요. 이러한 노력이 지속되어 이해관계자들로부터 인정을 받고 좋은 평가를 얻게 되면 명성을 갖춘 기업이 될 것입니다. 이러한 관점에서 평판관리, 명성관리는 전략적인 기업PR활동의 핵심적인 사항이며, 경영전략의 가장 우위에 두어야 하는 사항입니다.

참고문헌

1 찰스 J. 폼브런, 『레퓨테이션』, 오세영 · 한만호 옮김(영언문화사, 1998).

2 http://www.haygroup.com/kr/best_companies/index.aspx?id=5047

3 http://www.harrisinteractive.com/Products/ReputationQuotient.aspx

4 로사 전, 『평판을 경영하라』(위즈덤하우스, 2011).

5 찰스 J. 폼브런, 『명성을 얻어야 부가 따른다』, 한은경 옮김(서울출판미디어, 2004).

CHAPTER 6

위기를 기회로 만들어라

'호미'로 막을 일 '가래'로 막지 말라

현대 사회는 '복잡성'이란 말로는 다 설명할 수 없을 정도로 문제도 많고 탈도 많습니다. 온갖 사건과 사고가 지구촌을 흔들어대고 있습니다. 이런 상황은 기업들에도 예외는 아닌 것 같습니다. 최근만 보더라도 대형마트와 기업형 슈퍼마켓SSM의 골목상권 침해 논란, 재벌기업의 빵집 경영, 원자력발전소의 고장과 사고, 금융권의 고객정보유출, 부당대출, 계열사 부실채권 불완전판매, 미공개 정보 이용 불공정 거래 등 일일이 열거할 수 없을 정도로 온갖 종류의 문제들이 불거져 나오고 있는 것이 현실입니다. 이렇게 보면 기업에 위기는 '현재진행형'인지도 모릅니다. 위기의 발생은 단순히 위기 자체로 끝나지 않고, 기업이미지가 나빠져 명성이 크게 훼손될 수 있으며, 시장점유율 하락과 이익 감소 등으로 연결되어 기업경영에 큰 걸림돌로 작용할 수 있습니다.

티모시 쿰즈W. Timothy Coombs 미국 센트럴플로리다대학 교수는 저서 『위기관리 커뮤니케이션Ongoing Crisis Communication』에서 위기를 "예측하지 못한 상태에서 발생한 사건이며, 잘못 대처할 경우 조직, 산업 또는 이해관계자들에게 부정적인 영향을 미칠 수 있는 중대한 위협"이라고 정의하고 있습니다.[1] 기업에 위기는 절체절명絶體絶命의 상황이 될 수 있습니다. 따라서 위기로 인해 발생하는 문제를 사전에 방지하는 것은 물론, 위기발생 시 피해를 최소화시키고, 위기상황이 끝난 후에는 피해복구와 재발방지를 이어나가는 '위기관리Crisis Management'가 반드시 필요한 것입니다.

위기관리와 비슷한 용어로 '리스크관리risk management'가 있습니다. 리스크관리라는 말은 주로 금융기관에서 손실을 예방하기 위한 활동이나 건설회사에서 건설공사와 관련된 사고를 방지하는 활동 등에 주로 많이 사용되는 것 같습니다. 여기서 리스크관리도 위기관리에 포함되는 개념입니다.

위기관리가 기업의 모든 영역에 걸친 문제지만, 특히 커뮤니케이션 분야에서 많이 논의되는 까닭은 위기를 관리하는 과정에서 커뮤니케이션이 매우 중요한 위치를 차지하기 때문입니다. 기술적인 결함에 의한 사고도 사실은 그 기술을 다루는 사람들 간의 커뮤니케이션 부재와 오류로 인한 경우가 많습니다. 각종 사고 발생 시에 가장 많이 나오는 이야기 중의 하나가 '예견되었던 인재人災'라는 말입니다. 또한 어떤 기업에서 사회적 파장을 가져올만한 중대한 문제가 발생하면 언론에 노출되어 순식간에 세간의 화제로 떠오르게 되고 전 국민적인 관심을 받게 됩니다. 그 과정에서 거짓말을 하거나 실수라도 생기게 되면 원래 발생했던 문제에 또 다른 문제까지 겹치는 아주 복잡한 상황이 연출되기도 합니다. 위기상황이 종료된 이후에도 기업이 전개하는 이미지 회복과 같은 다양한 활동이 커뮤니케이션을 통해 알려지기 때문에 위기관리의 한 중심에 커뮤니케이션이 있다고 말할 수 있습니다.

소 잃고 외양간 고치지 마라

쿰즈 교수에 따르면 위기관리는 예방prevention, 대비preparation, 실행performance, 학습learning의 순환과정이라고 합니다.[2] 여기에서 가장 중요한 단계는 예방과 대비가 아닐까 합니다. '소 잃고 외양간 고친다'는 속담도 있듯이 발생한 위기를 수습하는 것보다 위기가 발생하지 않도록 예방하는 것이 가장 효과적인 대책이기 때문입니다.

위기를 예방하기 위해서는 무엇보다 평소에 위기의식을 가져야 합니다. 항상 문제가 발생할 수 있다는 긴장을 늦추지 않아야 하는 것이지요. 시스템적으로는 기업경영의 각 부문에 걸쳐 정보를 수집하고 모니터링 하는 활동이 상시적으로 이루어져야 합니다. 위기발생의 근원을 찾아보면 작은 문제에서 비롯되는 경우가 많습니다. 원인별로 보면 제품과 서비스의 문제, 고객접점에서 발생하는 문제, 임직원 등 내부에서 발생하는 문제, 언론에서 지적하는 문제 등 다양하게 존재할 것입니다. 따라서 일관된 위기관리체계를 통해 기업의 전 분야에 걸친 다양한 문제들이 포착되고 수집되어야 합니다. 다음으로 이렇게 수집된 정보들은 위험성과 확산 가능성 등을 염두에 두고 평가하고 분류하는 작업이 이루어져야 합니다. 그리고 위기로 번질 만한 사안에 대해서는 신속한 문제해결이 이루어져야 하는 것이지요. 사실 위기예방은 평상시에 다양한 이해관계자들과 소통하고 이해를 증진시켜나가는 PR활동에 다름 아닙니다. PR활동이 정상적으로 기능하고 있다면 기업에 닥치는 위기도 사전에 충분한 예방이 되는 것입니다.

시나리오 플래닝을 활용하라

모든 문제를 예방 차원에서 해결할 수 있다면 얼마나 좋을까요? 그러나 현실적으로는 예상치 못한 문제가 발생할 가능성도 있고, 수집된 정보의 오류나 문제분류의 착오 등에 의해 위기상황으로까지 발전할 수 있습니다. 그래서 대비가 필요한 것이지요. '위기관리 매뉴얼'을 갖추고 '위기대응팀'을 구성하는 등의 활동이 요구되는 이유입니다. 그러나 기업 현장에서 두툼한 매뉴얼을 만들어놓기만 하고 실제로 활용하지 않는 경우가 너무도 많이 있습니다. 위기발생 시에 바로 사용할 수 있는 살아 있는 매뉴얼이 되기 위해서는 수시로 교육을 하고 위기관리훈련을 반드시 해야 합니다. 일 년에 한두 번이라도 위기상황을 가정하고 실제와 똑같은 가상훈련을 반복해나가면 현실에서 위기가 닥쳤을 때 당황하지 않고 적절하게 행동할 수 있게 될 것입니다.

그런데 위기상황은 종류와 성격이 매우 다양합니다. 따라서 위기대비와 관련해서 '시나리오 플래닝scenario planning'을 활용한다면 많은 도움이 될 것입니다. 시나리오 플래닝은 불확실성의 시대에 기업이 맞닥뜨릴 수 있는 여러 상황과 위험에 대비하기 위해서 활용할 수 있는데요, 미래에 발생할 가능성이 높은 위기상황을 예측하고 이에 따라 예상되는 각각의 시나리오를 만들어서 대비하는 것입니다. 시나리오 플래닝은 미국의 저명한 미래학자인 허먼 칸Herman Kahn 박사가 1950년대에 랜드연구소RAND Corporation 재직 당시 군사전략으로 개발한 것인데요, 1960년대에 허드슨연구소Hudson Institute를 세우고 시나리오 플래닝을 군사 이외의 분야로 확장했고 1970년대에 로얄더치셸Royal Dutch Shell과 같은 기업이 경영전략에 적용하면서 널리 전파되었습니다.[3]

솔직하게 공개하라 철저한 대비와 훈련이 되어 있는 기업이라면 위기상황이 발생했을 때 매뉴얼과 시나리오에 따른 행동을 개시하면 됩니다. 특히 이 과정에서 커뮤니케이션의 일관성, 신속성, 진실성이 매우 중요해집니다. 위기대응팀에 대변인을 두고 모든 대내외 커뮤니케이션을 집중시켜야 합니다. 직원들에게 위기상황과 회사의 대책 등을 정확히 인지시켜야 함은 물론이고, 고객 또는 기타 이해관계자들과도 통일된 커뮤니케이션을 할 수 있도록 조치가 취해져야 합니다. 언론의 취재경쟁이 치열해지고 사건, 사고에 대한 진실을 파헤치려는 노력이 가중되기 때문에 신속하고 진실된 입장 표명도 필수적인 요소입니다. 고의가 아니더라도 신속하지 못한 입장 표명과 잦은 말 바꿈 등은 오해와 억측을 불러일으키기에 충분한 행동입니다.

현실적으로 위기상황이 발생하면 의사결정권자들이 고민하게 되는 두 가지 문제가 존재합니다. 첫째, '상황 자체를 공개할 것인가? 혹은 숨길 것인가?' 하는 '공개 여부의 문제'와 둘째, '공개한다면 어느 선까지 공개할 것인가?' 하는 '공개범위의 문제'입니다. 만약 위기상황이 여러 이해관계자들에게 영향을 미치는 사안이라면 공개정책을 택하는 것이 현명합니다. 공개범위도 있는 그대로 모두 공개하는 것이 좋습니다. 위기상황이 중대할수록 솔직한 공개 이외에 더 이상 효과적인 커뮤니케이션 대책이 있을 수 없습니다. 공개적이고 투명한 커뮤니케이션을 실천할 수 있는 바탕은 기업의 가치관, 기업문화와 밀접한 관련이 있습니다. 이해관계자들과의 공생발전의 가치관이 없고 폐쇄적이고 보수적인 기업문화에서는 공개성, 투명성의 원칙을 지켜나간다는 것이 무척 어려운 일이기 때문입니다.

리처드 브랜슨의 위기대응 3원칙

지난 2007년 영국의 민간철도회사인 '버진트레인Virgin Train'의 열차 '펜돌리노'가 탈선해 한 명이 사망하고 스물두 명이 부상당하는 사건이 발생했습니다. 당시 주말 휴가 중이었던 버진그룹의 리처드 브랜슨Richard Branson 회장은 급히 현장으로 달려왔고, 부상당한 사람들이 수용된 병원을 신속하게 방문해서 진심으로 위로하는 모습을 보여주었습니다. 또 열차탈선 현장에서 진행된 인터뷰에서는 "매우 슬픈 날입니다. 한 생명을 잃었고, 많은 사람이 다쳤습니다"라고 말문을 연 뒤, 응급구조 활동과 경찰의 사고수습에 대해 "훌륭하다"는 인사도 잊지 않았습니다. 더욱이 그 상황에서도 기차를 "탱크와 같이 튼튼하게 만들었다"라고 설명하며, "만일 오래되어 낡은 기차였다면 더 큰 참사가 벌어졌을 것"이라며 버진트레인의 우수성을 적극적으로 알렸습니다(사고의 원인은 영국 철도의 인프라를 책임지는 '네트워크레일Network Rail'이 관리하는 전철기 오작동으로 인해 발생한 것이었습니다). 이와 함께 급박한 상황에서도 끝까지 자리를 지키며 열차를 조종하기 위해 안간힘을 써 더 큰 참사를 막은 기관사의 행동에 대해서는 "영웅적"이라고 추켜세우는 순발력까지 발휘했습니다.[4]

열차사고라는 대형 악재를 만난 그룹 총수가 현장을 신속하게 방문하고 인터뷰까지 성실하게 해내는 모습은 우리 문화에서는 다소 낯설기도 합니다. 그리고 그렇게 행동한 브랜슨 회장은 어떤 생각을 가지고 있는지 궁금해집니다. 몇 년 뒤 브랜슨 회장은 자서전인 『리처드 브랜슨 비즈니스 발가벗기기Business Stripped Bare』에서 당시 사고와 관련해 "이런 일이 일어났을 경우, 가능한 한 최대한 빨리 현장으로 달려가는 것이 책임자의 의무다. 이럴 때 대중 앞에 신속하게 얼굴을 내보이지 않으면 비난과 분노가 터져 나오기 시작한다. 그 모든 혼란과 우려가 직접적으로 사고피해를 입은 사람들에게 어떤 영향을 끼칠지 상상해보라. 언론이 신속한 답을 요구한다면 임원들은 곧바로 미디어를 대할 준비가 되어 있어야 한다"라고 말했습니다.[5] 브랜슨 회장은 위기대응과 관련해 항상 강조해오던 다음 세 가지를 실천했을 뿐입니다. "첫째, 현장에 최대한 빨리 도착한다. 둘째, 승객과 직원, 언론을 체계적으로 다룬다. 셋째, 사건경위에 대해 정직하게 답한다."

위기관리 커뮤니케이션 전략

기업이 맞닥뜨릴 수 있는 위기상황이 다양한 만큼 커뮤니케이션 전략도 다양화될 수 있습니다. 쿰즈 교수는 상황에 따른 위기커뮤니케이션으로 다음의 일곱 가지 전략을 제시했습니다.[6] ① 공격전략Attack the accuser은 루머에 의한 위기 등에 사용하는 전략으로 근거 없이 기업을 공격하는 사람들을 상대로 법적인 소송도 불사하겠다는 식의 대응을 말합니다. ② 부인전략Denial은 실제로 위기가 존재하지 않거나 책임이 없는 경우에 위기가 아니라는 이유를 설명하는 전략입니다. ③ 변명전략Excuse은 기업의 책임을 최소화하는 전략으로 천재지변 등과 같이 위기발생의 원인이 통제 불가능했다거나 의도적이지 않았음을 강조하는 것입니다. 그러나 피해가 심각한 경우에는 결코 바람직하지 못한 방법입니다. ④ 합리화전략Justification은 위기로 인한 피해규모가 작은 경우나 자연재해 등에 사용하는 전략으로 부상자가 없었다는 등 위기피해가 거의 없다는 점을 부각하는 것입니다. ⑤ 환심사기전략Ingratiation은 기업의 평판이 좋은 경우에 그동안의 긍정적 이미지를 부각시키는 방법으로 어떤 유형의 위기에도 사용할 수 있는 전략입니다. ⑥ 시정조치전략Corrective action은 기업이 범죄행위 또는 사고를 발생시켰거나 위기가 수시로 발생하는 기업이 피해복구나 재발방지를 강조하는 전략으로, 다른 전략과 함께 사용해야 효과가 있습니다. ⑦ 사과전략Full apology은 기업이 범죄행위를 저질렀을 경우와 같은 위기발생 시에 사과와 용서를 구하고 충분한 보상을 하는 등 확실히 책임지는 모습을 보이는 전략입니다.

위기커뮤니케이션 전략은 위기가 종료된 후 이미지 회복 등과 같은 전략으로 이어져야 하기 때문에 당장의 상황에 급급하기보다는 장기적, 사후적 전략까지 염두에 둔 전략선택을 하는 것이 보다 효과적입니다. 그리고 위기상황 시에는 위기관리팀에 사내 법무팀이나 자문 변호사가 소속되어 조언을 하는 경우가 많이 있습니다. 법률가의 입장에서는 법적으로 필요한 조치만 강구하도록 조언하게 되는데요, 이때 회사의 행위가 법적으로는 전혀 하자가 없는데도 이해관계자들의 분노를 사게 되는 경우가 종종 발생합니다. 이러한 현상은 독일의 공법학자 게오르크 옐리네크Georg Jellinek가 언급한 '법은 도덕의 최소한'이라는 법언法諺으로 설명될 수 있는데요, 기업에 법적인 책임을 넘어서 도덕적, 윤리적 책임까지 요구하기 때문에 발생하는 것입니다.

위기상황이 끝난 이후에는 회복전략을 세워서 신속히 실행해야 합니다. 이해관계자들은 기업이 위기상황을 어떻게 마무리하는지 주의 깊게 살펴볼 것입니다. 위기상황을 가져온 원인에 대해서는 재발을 방지하기 위해 충분한 조치가 따라야 합니다. 위기상황으로 인해 피해를 입은 사람들이 있다면 그들에 대한 충분한 사과와 보상도 뒤따라야 합니다. 만약 이미지 개선 광고와 일회성 이벤트만으로 상황을 반전시키려 한다면 진정성에 의문이 생기고 또 다른 위기가 잠복하게 됩니다. 기왕에 발생한 위기를 기회로 반전시키려면 미적지근한 미봉책보다 확실한 근본대책이 필요합니다.

참고문헌

1 티모시 쿰즈, 『위기관리 커뮤니케이션』, 이현우 옮김(한국언론재단, 2001).
2 티모시 쿰즈, 『위기관리 커뮤니케이션』.
3 마츠 린드그렌 · 한스 반드홀드, 『시나리오 플래닝』, 이주명 옮김(필맥, 2012).
4 김효상, "위기관리, 버진철도에서 배워라", ≪이코노믹리뷰≫, 2008. 5.27.
5 리처드 브랜슨, 『리처드 브랜슨 비즈니스 발가벗기기』, 박슬라 옮김(리더스북, 2010).
6 티모시 쿰즈, 『위기관리 커뮤니케이션』.

CHAPTER 7

여론에 귀 기울여라

위기는 갑자기 찾아오지 않는다

선거가 임박하면 어김없이 후보자에 대한 여론조사결과가 발표됩니다. 민심의 동향이 누구에게 있는지 알아보려는 노력이겠지요. 정치만큼 여론 동향에 촉각을 곤두세우는 분야도 없을 것입니다. 표를 주는 유권자의 마음을 시시각각 읽어야 하니까요.

그런데 여론은 정치에서뿐만 아니라 기업의 세계에서도 무척 중요한 변수입니다. 기업PR은 기업과 관련된 여러 집단, 사람들과 긍정적인 관계를 맺기 위한 것입니다. 따라서 여론을 청취하고 관리하는 것이야말로 기업PR에서 아주 중요한 일입니다. 평소 직원들의 목소리에 귀 기울이는 것은 건전한 노사관계를 위한 전제조건입니다.

소비자들의 의견에 적극적인 관심을 갖는 것은 성공적인 마케팅의 열쇠가 됩니다. 주주들의 의견, 애널리스트의 평가에 귀 기울이면 투자자관계를 성공적으로 이끌어낼 수 있습니다. 사실 기업이 직면하게 되는 위기상황은 사전에 어떤 징후를 보이는 경우가 많습니다. 위기는 갑자기 찾아오지 않는 법이지요.

여론이라는 것은 무엇일까요? 대개 '여론public opinion'이라고 하면 한 사람의 의견을 말하지 않습니다. 여러 개인들의 의견이 모여 여론이라고 하는 '집단의 의견'으로 만들어지는 것입니다. 여기서 '의견지도자opinion leader'의 역할을 이해할 필요가 있습니다. 의견이 집단화되는 과정에는 논의를 주도하는 의견지도자가 있기 마련입니다. 사회적으로 지도적인 위치에 있는 사람 또는 이해관계가 있는 집단이나 사람, 어떤 문제에 대해 전문성을 갖춘 사람들이 이에 해당될 것입니다.

특히 여론을 사회적인 공론公論으로 이끌어내는 데 있어서 언론의 역할을 주목하지 않을 수 없습니다. 소위 매스컴을 타면 이야기의 차원이 달라지는 경우를 많이 보게 됩니다. 이런 현상은 '침묵의 나선형 이론The spiral of silence theory'으로 설명할 수 있습니다. 독일의 커뮤니케이션 학자인 엘리자베스 노엘레-노이만Elisabeth Noelle-Neumann이 주장했는데요, 사람들은 자신의 의견이 우세한 여론에 속하면 더 크게 주장하지만 열세에 속하면 침묵하는 경향이 있다는 겁니다. 또 매스미디어의 의견이 소수라 하더라도 그것을 다수의 의견으로 받아들이는 경향이 있고, 자신의 의견과 다르면 더욱 침묵하게 됩니다. 그래서 매스미디어는 소수의 침묵을 가속화시키고 여론형성에 막강한 영향력을 행사한다는 것입니다.

기업 내부로 눈을 돌리자면 어떤 이슈에 대해 적극적으로 의사표현을 하고 주변 동료들과 공유하려고 하는 사람들이 의견지도자라 할 수 있습니다. 그러나 주의해야 할 것은 침묵의 나선형 이론에서 살펴본 바와 같이 여론형성 과정에는 '침묵하는 다수'가 존재한다는 사실입니다. 의견지도자도 중요하지만 침묵하는 다수의 생각과 의견에도 관심을 기울여야 하겠습니다.

들을 것은 듣고 변할 것은 변해야

기업이 여론을 청취하는 방법은 매우 다양합니다. 선거에서와 같이 여론조사를 할 수도 있습니다. 그러나 외부 여론을 청취하는 가장 대표적인 방법은 언론 모니터링입니다. 언론은 우리 사회의 가장 강력한 의견지도자이기 때문입니다. 요즘엔 언론 못지않게 블로그나 인터넷 카페, 트위터와 같은 소셜미디어도 여론을 청취할 수 있는 좋은 장소입니다. 해당 기업에 대한 크고 작은 내용을 지속적으로 모니터링 하고 사안의 성격을 분류해보면 그 사안이 어느 정도의 시간을 두고 계속 주시해야 할 쟁점관리issue management의 대상인지, 아니면 즉각적인 대응이 필요한 위기관리crisis management의 대상인지가 구별됩니다.

언론이나 소셜미디어 이외에도 기업이 여론을 청취할 수 있는 채널은 생각보다 많이 있습니다. 대부분 기업의 홈페이지에는 고객들의 의견을 청취할 수 있는 공간이 마련되어 있습니다. 주주를 대상으로 한 IR페이지, 구직자들을 위한 채용페이지 등에도 이와 같은 기능이 있는 경우가 많습니다. 일선 매장이나 점포에서 접수되는 고객 불만족 사례들도 중요한 여론청취의 대상이 될 것입니다. 기업 내부적으로는 사내 여론조사 등의 방법을 사용하기도 하고 각종 간담회 등을 통해 직원들의 의견을 직접 듣기도 합니다. 정부관계와 관련해서는 규모가 큰 그룹이나 일부 대기업들의 경우 대관對官업무를 전담하는 팀이 있어 기업에 영향을 미칠 수 있는 국회나 정부의 입법과 정책변화 등을 다각도로 청취하기도 합니다.

하지만 실상 기업에서는 여론을 청취하는 일이 여러 부서에 걸쳐 나눠져 있고 본질적인 업무라기보다는 부수적인 경우가 대부분이기 때문에 정보가 묻히기도 하고 서로 연관성이 있는 정보라고 하더라도 연결되기가 쉽지 않습니다. 여론청취를 통합적으로 관리해야 할 필요가 있는 것입니다. 또한 여론은 무척 다양한 경로를 통해 나타나며 대체로 언어적인 커뮤니케이션을 통하기 때문에 아주 세심한 주의가 필요합니다. 귀 담아 들어야 할 여론이 있는가 하면, 여론의 확산성과 대중의 성향을 악용한 '마타도어matador'(흑색선전)도 있기 때문입니다. 특히 인터넷과 소셜미디어의 보편화로 이런 위험성이 무척 커졌습니다.

여론을 청취하는 일이 매우 중요하다고 했습니다만, 열심히 청취만 한다면 거기에 들인 시간과 노력이 아깝지 않을까요. 여론을 면밀히 분석하고 자기 성찰의 기회로 적극 활용해야 합니다. 더욱이 부정적인 여론을 무조건 차단하려고만 한다거나 기업에 유리한 방향으로만 여론을 만들고자 한다면 문제를 더욱 키우게 될 것입니다. 귀담아 들을 것은 귀 담아 듣고, 변화시켜야 할 것이 있다면 변화시켜야 하는 것이 여론관리의 핵심입니다.

웩 더 독

2011년 7월, 집권 여당의 확대당직자회의에서 당대표가 부자 정당 이미지, 특권 정당, 웰빙 정당 이미지를 바꾸기 위해서 '스핀닥터spin doctor'제도를 도입하겠다고 밝힌 바 있습니다.[1] 아마 우리나라 최초로 스핀닥터라는 용어가 대중적으로 소개된 계기가 아닌가 싶습니다. 언론에서는 스핀닥터를 '정치홍보전문가', '홍보전문가', '선거전문가' 등으로 소개를 했습니다. 다소 생소한 이 용어는 1984년 ≪뉴욕타임스≫에 처음 등장한 신조어新造語입니다. 선거 후보자의 홍보 참모를 색다르게 표현한 이른바 '사운드바이트sound-bite'입니다. 이 사운드바이트라는 표현 역시 1980년 ≪워싱턴포스트≫에서 처음 소개한 신조어입니다. 사운드바이트는 언론에 반복적으로 인용되도록 하기 위해 사용하는 간단하고 기억하기 쉬운 짧은 문구를 일컫는 말입니다. 한정된 시간과 지면이라는 언론보도의 특성상 그리고 주목을 끌어야 하는 생리상 언론은 새로운 표현을 많이 만들어내는 것 같습니다. 사운드바이트의 예를 하나 더 들어보면, 2006년 정부는 부동산 가격에 거품이 많이 낀 일곱 군데 지역(강남, 서초, 송파, 양천, 분당, 용인, 평촌)을 '버블세븐bubble seven'이라고 지칭한 바 있습니다. 이후 언론에서 버블세븐이란 말이 보편적으로 쓰이는데요, 이런 것이 바로 사운드바이트입니다.

아무튼 스핀닥터는 '장황하게 이야기하다'는 뜻의 'spin a yarn'에서 유래된 말로 '정치홍보전문가'를 뜻합니다. 예를 들면 토니 블레어Tony Blair 전 영국 총리의 집권을 가능하게 만든 책사策士 피터 만델슨Peter Mandelson 전 하원의원 같은 사람을 스핀닥터라고 합니다. 그는 '제3의 길'을 영국 노동당의 새로운 방향으로 설정하고, '신노동당'으로 성공적으로 변신할 수 있게 한 인물이지요. 피터 만델슨과 더불어 스핀닥터로 거론되는 사람이 한 명 더 있습니다. 토니 블레어 총리의 공보수석이었던 앨러스터 캠벨Alastair Campbell입니다. 영국의 이라크전 참전에 결정적 계기가 된 정부보고서의 내용 중 이라크의 대량살상무기 위협을 과장했다는 언론의 의혹 제기로 사임했었지요.

이렇게 스핀닥터는 주로 미국과 영국의 정치 분야에서 활약이 두드러집니다. 그런데 현실적으로는 부정적인 뉘앙스로 많이 쓰이는 말입니다. 여론조작을 일삼는 홍보전문가의 이미지가 짙게 드리워져 있습니다. 아마도 선거와 같은 중요한 정치과정에서 스핀닥터들이 긍정적 역할보다 부정적인 역할을 더 많이 해서 그런 것 같습니다.

영화에서도 스핀닥터를 부정적인 이미지로 그린 적이 있습니다. 1998년 개봉된 더스틴 호프만Dustin Hoffman과 로버트 드니로Robert De Niro 주연의 〈웩 더 독wag the dog〉입니다. 내용은 이렇습니다. 미국 대통령 선거를 얼마 앞두고 대통령의 성추행 사건이 발생합니다. 재선이 어렵게 된 거지요. 이 국면에서 스핀닥터 브린(로버트 드니로)이 등장합니다. 브린은 알바니아를 적대국으로 만들고, 국민들의 반反알바니아 정서를 만들어냅니다. 그리고 할리우드의 유명한 제작자 모스(더스틴 호프만)를 동원해 컴퓨터 그래픽을 이용하여 가짜 전장戰場 모습을 만들어 TV에 보도되도록 하는가 하면, 가짜 전쟁영웅을 만들어내는 등의 수법으로 성추행 사건을 잠재우고 대통령을 재선시킨다는 코미디 영화입니다.

이렇게 여론을 조작하는 사례는 비단 영화에서만 그리고 선거에서만 일어나는 일은 아닙니다. 1990년 8월 2일 이라크가 쿠웨이트를 침공합니다. 걸프전이 시작된 것입니다. 침공 두 달여 뒤인 10월 10일 미국 하원 인권위원회에서 15세의 쿠웨이트 소녀가 증언대에 오릅니다. 나이라Nayirah라는 이 소녀는 자신이 쿠웨이트의 알 아단Al Addan 병원에서 자원봉사를 하고 있을 때 이라크 군인들이 병원을 습격해 영아들이 있는 인큐베이터를 찬 바닥에 내동댕이쳐서 죽음에 이르게 했다고 말합니다. 이 증언은 반이라크 여론을 자극해서 미 의회의 이라크전 참전결의에 영향을 미쳤습니다. 그러나 걸프전 종전(1991년 2월 28일) 직후인 3월 15일 ABC방송 기자인 존 마틴John Martin

은 미숙아를 포함한 환자들이 죽은 것은 쿠웨이트의 간호사와 의사들이 업무를 중단하고 피난을 갔기 때문이며, 이라크 군대가 인큐베이터를 탈취해 쿠웨이트 아기들을 죽이지 않았다는 보도를 하게 됩니다. 이어서 1992년 1월 6일에는 ≪뉴욕타임스≫에 하퍼스매거진Harper's Magazine의 발행인인 존 맥아서John MacArthur가 "Remember Nayirah, Witness for Kuwait?"란 제목의 기명 칼럼을 싣게 됩니다. 맥아서는 나이라가 미국 주재 쿠웨이트 대사의 딸이며, 쿠웨이트 침공 당시 쿠웨이트에 있지도 않았다는 점을 밝혀냅니다. 이 사건은 CBS방송의 〈60분60Minute〉에도 방영되었습니다. 나이라의 거짓증언은 미국의 PR회사인 힐앤놀튼Hill and Knowlton의 작품이었습니다. 쿠웨이트 정부와 계약한 힐앤놀튼이 'Citizens for a Free Kuwait'라는 PR 캠페인의 일환으로 기획한 것이었습니다. 이라크 군인들의 잔인함을 부각해서 미국의 참전여론을 환기시키려는 의도였던 것입니다.[2]

이밖에도 미국 PR회사인 루더핀Ruder Finn이 보스니아 내전 당시에 보스니아-헤르체고비나 정부를 위해 활동[3]하는 등 전쟁과 분쟁 또는 국제적 이슈와 관련된 국가의 배후에는 자국에 유리한 여론환경을 구축하기 위해 고용된 PR회사들이 활동을 하고 있습니다.

스핀닥터와 양면의 칼날

스핀닥터는 정치의 세계에서뿐만 아니라 기업의 세계에도 존재합니다. 기업이나 최고경영자를 위한다는 명분으로 여론을 유리하게 만드는 일을 하는 사람들이지요. PR의 존재와 의미에 대해 비판적인 학자나 언론인들은 스핀닥터를 중심으로 한 PR현실에 상당한 회의를 나타냅니다. 영국 스코틀랜드 스트래스클라이드대학의 데이비드 밀러David Miller와 윌리엄 디난William Dinan 사회학 교수는 "PR은 민주주의에서 기득권층의 이익에 대한 위험을 제거하는 수단"이라고 합니다.[4] PR이 주로 기업의 이익을 위해 수행되며, 속임수와 조작을 동원하고, 신자유주의 혁명을 추진하는 동안 기업권력의 선두에서 핵심적인 기능을 수행했다는 겁니다. 이들은 영국에서 홍보와 선전, 로비 등을 연구하고 감시하는 'spinwatch.org'라는 기구를 설립, 운영하고 있기도 합니다.

종종 스핀닥터의 활동은 언론과 부적절한 밀월관계를 형성합니다. 언론은 여론을 만들어내는 데 가장 큰 영향을 미치고, 기업은 언론과의 관계에서 광고라는 커다란 무기를 가지고 있습니다. 언론사의 가장 큰 수익원이 광고이기 때문입니다. 이러한 상황을 기업과 언론이 서로 악용하기 시작하면 문제가 복잡해지게 되는 것입니다.

PR은 잘 이용하면 민주주의를 촉진하고 기업의 건강한 발전을 돕는 순기능이 크지만, 그렇지 않으면 민주주의를 위협하며 부도덕한 기업행태를 감싸고 옹호하는 역기능을 가져오는 양면의 칼날로 작용할 공산이 큽니다. 그래서 PR에는 윤리의 문제가 항시 따라다니는 것입니다.

참고문헌

1 "당직인선 완료 '홍준표號' 심기일전 한목소리", ≪연합뉴스≫, 2011.7.22.

2 http://www.prwatch.org/books/tsigfy10.html; 설원태, "미디어 윤리 눈감는 홍보회사", ≪경향신문≫, 2007.6.24.

3 다카기 도루, 『전쟁광고대행사』, 정대형 옮김(수희재, 2003). 저자인 다카기 도루는 미국의 PR기업이 전쟁까지도 좌지우지하는 것을 보고 일본도 PR을 잘 활용하면 국가이익을 확보하는 데 도움이 된다는 취지로 책을 마무리합니다.

4 윌리엄 디난 · 데이비드 밀러, 『스핀닥터, 민주주의를 전복하는 기업권력의 언론플레이』, 노승영 옮김(시대의창, 2011).

CHAPTER 8

직원에 집중하라

정답은 내부에 있다 기업 현장에서 가장 많이 듣게 되는 말 가운데 하나가 "소통이 안 된다", "커뮤니케이션이 문제다" 입니다. 경영자는 경영자대로 직원들이 회사의 방침을 잘 따르지 않는다고 불만입니다. 회사 일을 자신의 일처럼 생각하고 열정적으로 일하는 직원들을 찾아보기 힘들다고 푸념합니다. 직원들은 직원들대로 경영자를 불신하고 상사에 대해 불만을 토로합니다. 직장인들이 이직을 고려하는 가장 큰 이유 중 하나가 상사와의 갈등입니다. 때로는 동료와의 갈등이 범죄(2012년에 있었던 여의도 칼부림 사건 등)로까지 이어지기도 합니다.

2011년 삼성경제연구소가 조직 내 소통에 대해 조사했는데요,

발표된 보고서에 따르면 우리나라 직장인의 3분의 2(65.3%)가 조직 내 소통이 잘 안 된다고 평가하고 있는 것으로 나타났습니다. 또한 소통의 장애물로 여러 가지 문제들이 지적됐는데요, '상명하복식의 위계문화', '자기 이익만 추구하는 개인 · 부서 이기주의', '지나친 단기 성과주의 강조' 순이었습니다.[1]

이처럼 기업 내부의 커뮤니케이션에 문제가 발생하는 원인은 실로 다양합니다. 조직구조의 문제부터 기업문화, 인사관리, 리더십, 인간관계문제에 이르기까지 얽히고설켜 있어 진단과 처방을 하는 것도 쉬운 일이 아닙니다. 오래 전부터 많은 기업에서 사내 커뮤니케이션을 활성화하기 위해 노력하고 있습니다만 사내 방송과 사보 제작, 각종 이벤트 개최 등 주로 전술적인 접근이 이루어지고 있고, 그마저도 일회성에 그치는 경우가 많아 세월이 흘러도 좀처럼 개선되는 모습을 보이지 못하고 있습니다.

컨설팅기업 타워스왓슨Towers Watson이 조사한 '2012 글로벌 인적자원연구The 2012 Towers Watson Global Workforce Study' 결과를 보면,[2] 우리나라 직장인의 84%가 자신의 업무에 지속성 있게 몰입하지 못하는 것으로 나타났습니다. 반대로 얘기하면 지속성 있게 업무에 몰입하는 한국의 직장인은 전체의 16%라는 말로, 글로벌 평균치인 35%에 비해 현저히 낮은 것입니다. 직원의 업무몰입은 기업의 생산성과 창조성, 나아가 직원의 자아실현 등과도 관련이 있기 때문에 심각하게 받아들여야 할 문제입니다. 또한, 직장에서 지속적 몰입을 가능하게 하는 가장 중요한 요소로 경영진의 리더십, 조직 목표, 스트레스 및 일과 생활의 균형 등이 꼽혔는데요, 이 가운데 가장 중요한 동인動因인 경영진의 리더십에 대해서 직장인의 37%만이 경영진의 리더십을 신뢰한다고 답했습니다.

권위적인 문화가 걸림돌이다

무릇 어느 조직이나 마찬가지겠지만 기업조직에서도 CEO를 비롯한 경영진의 리더십이 사내 커뮤니케이션을 좌우하는 가장 중요한 요인임을 부인할 수 없습니다. 특히 우리나라처럼 가부장적이고 권위적인 남성 중심의 사회에서 리더가 갖는 무게감은 대단하지요. 경영진의 리더십은 그 경영진이 속한 기업의 문화와 떼놓고 생각하기 어렵습니다. 또한 기업문화는 국가나 사회의 문화와 강하게 연결되어 있습니다. 이런 점에서 네덜란드의 조직연구가인 기어트 호프스테드Geert Hofstede의 '문화차원이론cultural dimentions theory'은 많은 시사점을 제공합니다. 호프스테드는 저서인 『세계의 문화와 조직Cultures and Organizations - Software of the mind』에서 국가문화 간 차이점을 다음의 다섯 가지 차원으로 설명하고 있습니다.[3]

① 권력거리: 평등문화와 불평등문화

② 개인주의문화 대 집합주의문화

③ 남성적 문화와 여성적 문화

④ 불확실성 회피문화와 불확실성 수용문화

⑤ 장기지향문화와 단기지향문화

호프스테드의 연구에 따르면 우리나라는 권력거리가 큰 불평등 문화, 집합주의문화, 여성적 문화, 불확실성 회피문화, 장기지향문화의 특징을 가지고 있습니다. 권력거리가 큰 문화에서는 권력집중이 흔하고, 부하 직원은 지시에 따라 일을 하며, 이상적인 상사는 선의의 전제자專制者 또는 착한 아버지이고, 조직 내 위계질서는 고위직과 하위직 간의 존재적 불평등을 반영한다고 합니다. 집합주의문화에서는 인간관계가 일보다 우선하고, 고용주와 종업원의 관계는 가족관계와 같이 도덕적인 측면에서 지각되며, 높은 맥락의 의사소통을 하는 경향이 있습니다. 여성적 문화에서는 살기 위해 일하고, 경영자는 직관에 의존하며, 동등 · 단결 · 작업생활의 질을 강조하는 측면이 강하고, 화해와 협상에 의해 갈등을 해결하려는 모습을 보입니다. 반면, 남성적 문화에서는 일하기 위해 살고, 경영자는 결정을 내려야 하며 자기주장이 강할 것으로 기대됩니다. 또한 형평과 동료 간의 경쟁이나 업적을 강조하며, 갈등은 투쟁하고 물리침으로써 해결하려 합니다. 호프스테드의 연구에서는 우리나라가 다소 여성적 문화에 치우친 것으로 나타났습니다. 그러나 실제로는 남성적 문화의 성격이 강하기 때문에 선뜻 수긍하기 어려운 측면이 있습니다. 불확실성 회피문화에서는 혁신에 대한 저항이 심하고, 남과 다른 것을 위험하게 생각하며, 안정과 자존 또는 소속에 의해 동기부여되는 모습을 보입니다. 장기 지향문화는 목적을 위해 자신을 기꺼이 희생하고, 느리게 나타나는 결과에 대해 참을성이 있다는 특징이 있습니다.

이 연구는 지금으로부터 몇십 년 전에 수행된 것입니다. 세월의 흐름에 따라 사회도 변화한다는 것을 생각하면 우리 사회의 모습도 당시와는 달라졌겠지만, 아직도 상당 부분 우리 기업문화와 리더십 스타일을 대변하고 있다고 보입니다. 이와 같은 우리의 문화적 특징은 경제적 성장과 민주주의 발전이 이루어진 시대에 태어난 신세대가 취업을 하게 되면서 기업 내 문화적 갈등 요인으로 작용하고 있습니다. 게다가 본격적으로 개방화, 세계화되면서 외국 기업의 우리나라 진출, 우리나라 기업의 세계 진출이 보다 자유로워져 문화 간 갈등현상도 나타나고 있습니다. 현재 전 세계적인 경기침체가 지속되고, 사활을 건 기업 간의 경쟁이 전 지구적으로 전개되는 상황에서 자유롭고 창의적인 아이디어와 조직 내외의 경계를 넘나드는 융합적인 생각이 새로운 성장을 위한 탈출구로 인식되고 있습니다. 기업 내에 창의적인 아이디어, 융합적인 사고가 넘쳐나기 위해서는 그에 걸맞은 기업문화가 있어야 합니다. 따라서 이제는 기업문화도 과거와 같은 수직적, 권위적 문화에서 수평적이고 탈권위적인 문화로 바뀌지 않으면 안 되는 것입니다.

참여적인 기업문화를 만들어라

PR학자인 미국 샌디에고주립대학의 데이비드 도지어David M. Dozier 교수와 메릴랜드대학의 라리사 그루닉Larissa A. Grunig, 제임스 그루닉James E. Grunig 교수는 우수 기업의 PR, 커뮤니케이션에 대한 실증적 연구에서 조직문화를 참여적인 조직문화participative organizational culture와 권위적인 조직문화authoritarian organizational culture로 구분하고, 쌍방향 커뮤니케이션이 특징적으로 나타나는 참여적인 조직문화에서 높은 수준의 개인적, 조직적 직무만족이 나타난다고 했습니다.[4]

참여적인 조직문화에서는 팀워크가 잘 이루어지고 의사결정권한을 공유하며 모든 직원이 차별받지 않습니다. 또한 직원들끼리 서로 협조하는 것을 강조합니다. 그리고 외부로부터의 새로운 아이디어에 대해 개방적인 자세를 보입니다. 반면, 권위적인 조직문화에서는 의사결정이 고도로 집중화되어 있고 전통에 기반을 둡니다. 조직 외부로부터의 새로운 아이디어에 대해서는 폐쇄적인 자세를 보입니다. 상사와 부하 직원 간의 구별도 확연합니다. 상사는 모든 것을 가장 잘 알고 있는 듯이 행동합니다. 그리고 여러 부서 간에 공통의 사명을 공유하지 않기 때문에 부서 간 우선순위가 달라 갈등을 야기합니다.

연구결과에서 볼 수 있듯이 참여적인 기업문화가 형성되어야 조직 내 쌍방향 커뮤니케이션이 균형적으로 이루어질 수 있습니다. 그렇다면 참여적인 기업문화는 누가 만들 수 있을까요? 물론 모든 임직원이 해야 하는 것이지만, 역시 주된 역할은 경영자의 몫입니다. 그래서 경영자의 리더십은 무척 중요합니다.

변혁적 리더십으로 무장하라

훌륭한 리더의 자질과 역할에 대해서는 동서고금을 막론하고 너무나도 많이 이야기되어왔습니다. 시대와 국가 그리고 조직의 성격에 따라 특별히 강조되는 리더십이 조금씩 다르기도 합니다. 그럼에도 지금 기업에 가장 필요한 리더십은 한마디로 '변혁적 리더십transformational leadership'이 아닌가 합니다. 변혁적 리더십은 거래적 리더십transactional leadership과 구별되는 리더십입니다. 이 개념은 대통령 전기傳記작가로 퓰리처상을 수상하기도 한 리더십연구의 대가, 미국 윌리엄스대학의 제임스 번스James MacGregor Burns 교수에 의해 주창되고, 미국 빙햄튼대학의 버나드 바스Bernard M. Bass 교수에 의해 구체화되었는데요, 거래적 리더십은 상사와 부하 간의 거래, 교환관계(성과와 보상)에 기반을 두는 리더십입니다. 이에 비해 변혁적 리더십은 신뢰를 바탕으로 변화를 이끌어내는 리더십이라고 할 수 있습니다. 바스 교수에 따르면 변혁적 리더십은 네 개의 요소 즉, 이상적인 영향II: Idealized Influence, 개별적인 배려IC: Individualized Consideration, 영감을 주는 동기부여IM: Inspirational Motivation, 지적자극IS: Intellectual Stimulation으로 구성된다고 합니다. 기업의 경영진이 변혁적 리더십으로 무장하게 되면 참여적인 기업문화가 조성되고, 직원들의 몰입도와 직무만족도가 올라가서 높은 성과를 창출하게 됩니다.

사내 커뮤니케이션으로 조직을 혁신하라

기업 내부에서 소통이 잘 되지 않으면 각종 문제가 발생한다고 했는데요, 여기에서 기업 내부의 소통을 '사내 커뮤니케이션', 영어로는 Internal Communication이라고 합니다. 보통 사내 커뮤니케이션이라 하면 사보, 사내 방송, 인트라넷, 사내 통신원, 각종 사내 이벤트 등을 떠올리는데요, 우선 개념 정의부터 하는 것이 좋을 듯합니다.

그런데 기업이 우호적인 관계를 맺고 소통해야 하는 이해관계자 중에서 내부 이해관계자(직원)와의 관계라면 마땅히 직원관계Employee Relations여야 하지만 필자가 사용한 용어는 '직원관계'가 아닌 '사내 커뮤니케이션'입니다. 본래 회사와 직원의 관계를 의미하는 용어는 노사관계Industrial Relations가 보편적이었습니다. 그러나 최근에는 노사관계와 함께 직원관계라는 말도 많이 사용하고 있습니다.

그 구별에 관해서는 학자마다 설이 분분한데요, 우선 영국 카디프대학의 폴 블라이튼Paul Blyton 교수와 피터 턴불Peter Turnbull 교수의 용어 구분을 살펴보면,[5] 노사관계는 노동조합, 단체교섭, 파업 등과 불가피하게 관련되어 있고 쇠퇴하는 과거의 산업(생산직 남자 정규직 근로자 중심의 제조업) 시대를 상징하는 반면, 직원관계는 선진국의 경우 전체 노동인력의 70% 이상을 고용하고 있는 서비스산업 부문을 아우를 수 있고 여성인력, 시간제 근로자, 임시직 근로자, 유기계약 근로자의 증가와 같은 노동력 구성의 변화를 포함할 수 있으며, 노동조합 조합원뿐만 아니라 비조합원들까지도 포함하는 개념이라고 합니다. 간단히 정리하면, '노사관계'라는 용어가 보다 현대적이고 노동시장의 변화를 반영한 포괄적인 개념인 '직원관계'로 바뀐 것으로 보입니다. 그러나 용어가 달라도 주된 내용은 노동조합, 단체교섭, 경영참가제도, 갈등관리 등의 관점에서 회사와 직원의 관계를 다루는 인사관리의 한 분야를 이르는 용어입니다.

한편, PR 분야 문헌에서는 직원관계(종업원관계 또는 사원관계)라는 용어를 사내 커뮤니케이션과 동일한 의미로 사용하고 있습니다. 직원이라는 이해관계자는 다른 이해관계자들처럼 회사와 서로 대응하는 관계로 볼 수 있지만, 내부의 이해관계자이며, 이해관계자인 직원들 사이의 관계도 매우 중요합니다. 이런 측면에서 다른 이해관계자들과는 매우 다른 특징을 가지고 있다고 할 수 있습니다. 회사와 직원, 직원과 직원의 관계를 소통의 관점에서 다루기 위해서는 직원관계라는 틀보다 사내 커뮤니케이션이라는 틀로 바라보는 것이 혼란의 여지도 적고, 직원이라는 이해관계자의 특성을 감안할 때 보다 적합한 용어라고 생각합니다.

다시 사내 커뮤니케이션의 개념 정의로 돌아와서, 영국의 사내 커뮤니케이션 전문가인 아일린 숄즈Eileen Scholes는 자신이 편집한 책의 서문에서 "사람들이 여전히 사내 커뮤니케이션을 조직의 최고 경영자를 위해 직원들에게 메시지를 전달하는 매체 중심의 지원활동이라고 생각하고 있다"라고 지적하고, 사내 커뮤니케이션은 "특정한 조직에서 이해관계를 갖는 사람들 간의 상호작용을 전문적으로 관리하는 것"이라고 했습니다.[6] 한편, 영국 센트럴랭커셔대학 비즈니스스쿨의 메리 웰치Mary Welch 교수와 맨체스터대학 비즈니스스쿨의 폴 잭슨Paul Jackson 교수는 사내 커뮤니케이션은 "조직 내 모든 계층의 이해관계자들 사이에서 상호작용과 관계를 전략적으로 관리하는 것이다"[7]라고 정의하고 있습니다.

그렇다면 조직 내 이해관계자들 사이의 상호작용과 관계관리를 잘해서 즉, 사내 커뮤니케이션을 잘해서 달성하고자 하는 목표는 무엇일까요? 메리 웰치와 폴 잭슨 교수는 사내 커뮤니케이션의 목표를 네 가지로 제시했습니다.[8] 첫째, 직원몰입과 헌신으로 특징지을 수 있는 내부 관계에 기여, 둘째 소속감 증진, 셋째 환경변화에 대한 인식 제고, 넷째 환경변화에 따라 조직의 목표를 진화시켜야 될 필요성에 대한 이해 증진입니다. 여기서 첫째 목표인 몰입/헌신Commitment을 메이어와 알렌Meyer & Allen의 3요인 모형three-component model[9]을 통해 간략히 설명하자면, 몰입에는 세 가지 종류가 있습니다. ① 정서적 몰입affective commitment은 조직에 정서적 애착을 갖거나 조직구성원임을 즐겁게 생각하는 것으로 세 가지 몰입 중에 가장 핵심적인 항목입니다. ② 지속적 몰입continuance commitment은 조직에 있으면서 자신에게 투자를 많이 하여 그에 따라 계발된 기술이 다른 직장에서는 소용이 없을 경우 이직에 따른 비용이 높아지기 때문에 지속적 몰입도 증가합니다. ③ 규범적 몰입normative commitment은 조직에서 받은 각종 보상을 생각해서 의무감으로 조직에 몰입하는 것입니다. 결국 몰입이라는 것은 조직에 대한 충성도를 의미하는 것으로 생각할 수 있습니다.

몰입과 관련해 마르시아노 박사는 직원몰입은 마치 약혼(영어에서 몰입과 약혼 모두 Engagement라는 같은 단어로 표현)과 같이 조직과 상사, 업무, 동료에 대한 헌신과 충성을 의미하는 개념이라고 했습니다.[10] 인간 의식의 내면에 뿌리박은 아주 단단하고 흔들림 없는 강한 헌신, 자부심, 충성을 포괄하는 개념이라고 합니다. 한마디로 강한 주인의식을 말하는 것입니다. 그래서 몰입도가 높으면 어지간한 어려운 환경 속에서도 동기가 크게 약화되지 않는 것입니다. 달리 표현하면, 동기는 강하지만 몰입이 약한 직원은 자신에게 득이 될 때만 열심히 일을 하는 반면에 몰입이 강한 직원은 조직과 자아실현을 위해 열심히 일하게 되는 것입니다.

사실 직원몰입도는 금전적 보상과 상사의 지시만으로는 절대 높일 수 없고, 직원 개인의 문제라기보다 관리자나 조직자체에 의해 더 크게 좌우되는 문제입니다. 마르시아노 박사는 현재 많은 기업에서 직원들의 동기부여를 위해 보편적으로 활용하고 있는 성과보상제도를 강하게 비판합니다. 즉, 성과보상제도는 가장 의욕적이고 생산성 높은 직원의 동기를 조금 더 강화하는 효과만 있다는 것입니다. 반면, 대부분의 경우에 팀워크 붕괴, 창의성 및 위험감수성향 감소, 상사의 스트레스 가중, 조직의 인적 자원 중 가장 잠재력이 큰 중간 수준 직원들의 동기약화로 이어진다고 합니다.

직원몰입도를 강화하기 위한 방법으로 마르시아노 박사가 제시하고 있는 것이 '존중모델'입니다. 존중모델을 구성하는 7대 요소는 인정Recognition, 역량강화Empowerment, 긍정적 피드백Supportive Feedback, 파트너십 형성Partnering, 기대Expectation, 배려Consideration, 신뢰Trust가 있습니다. 이들 요소의 머리글자를 따서 존중RESPECT모델이 된 것입니다. 직원들은 회사와 상사로부터 존중감을 느낄 때 몰입도가 올라갑니다. 이처럼 존중감을 느끼게 만드는 요소의 대부분은 인식과 소통의 문제와 직결됩니다. 직원들을 단순한 기계장치의 부품이나 비용(인건비)이 아니라 하나의 인격체로 대우하는 수준 높은 기업문화가 바탕이 되어야 하고 이러한 문화적 바탕 위에서만 성공적인 기업을 만들 수 있습니다.

두 번째 목표인 소속감은 '우리'라는 의식을 말합니다. 우리에게 잘 알려진 동기이론인 매슬로우의 욕구 5단계에 따르면, 하위욕구가 충족되어야만 상위욕구로 올라갈 수 있습니다. 욕구는 단계별로 1단계 생리적 욕구Physiological Needs, 2단계 안전욕구Safety Needs, 3단계 사랑과 소속감에 대한 욕구Belongingingness And Love Needs, 4단계 존경욕구Esteem Needs, 5단계 자기실현 욕구Self-Actualization Needs가 있습니다. 여기서 소속감은 중간 단계인 3단계에 위치하는 상위욕구이며 사회적 존재로서의 인간이 추구하는 욕구입니다.

셋째와 넷째 목표는 직원들도 기업 안팎의 환경변화를 제대로 인식하고, 기업의 변화방향에 대해서도 잘 이해해야 한다는 것입니다. 특히, 회사의 전략방향에 대한 이해를 높이는 것은 직원몰입을 제고하는 데 큰 도움이 됩니다.

설득에서 몰입의 시대로

사내 커뮤니케이션도 시대의 흐름에 따라 변화하고 있습니다. 그루닉과 헌트는 커뮤니케이션 전문가인 C.J. 도버C.J.Dover가 분류한 '경영 커뮤니케이션의 시대별 3단계'가 자신들의 'PR의 4모델'과 흡사하다고 지적하고, 직원들과의 새로운 개방적 커뮤니케이션이 기업들을 4기期인 쌍방향균형모델의 시대로 접어들게 하고 있다고 했습니다.[11] 쌍방향균형모델의 시대는 '직원몰입Employee Engagaement'의 시대라고 표현할 수 있으며, 직원들이 조직의 일에 영향을 미칠 수 있고 상호이해의 목적으로 쌍방향의 균형적 대화가 이루어지는 것이 특징입니다.[12] 도버가 분류한 경영 커뮤니케이션의 시대별 3단계 발전과정을 보면, 1기는 오락과 여흥의 시대로 소속감을 고취하고 일하기 좋은 곳이라는 점을 강조하기 위해 스포츠와 동아리 같은 활동들을 주로 했던 1940년대이고, 2기는 공지公知의 시대로 뉴스레터의 발간 등과 같은 활동을 했던 1950년대, 3기는 설득의 시대로 내부 마케팅, 강한 조직문화, 브랜드 인지도 등을 강조했던 1960년대를 말합니다.[13] 이러한 분류는 우리나라 기업의 발전단계와 맞아떨어지지 않는 측면이 있으나, 흐름과 추세를 파악한다는 면에서는 충분히 의미가 있습니다.

또 다른 시대분류를 소개하면, 마이클 브랜든Michael C. Brandon은 사내 커뮤니케이션의 발전단계를 3단계로 구분했는데요,[14] 1단계(~1960년대)는 노사관계 전문가들이 직원들의 사기를 진작시키기 위한 기회를 제공하는 데 초점을 맞춘 시기이며, 직원 자녀의 출생과 직원 생일, 기업이 후원하는 스포츠팀 소식, 직원 프로필, 사장의 안부편지 등을 담은 사보 제작과 같은 활동을 합니다. 2단계(1960년대 중반~1980년대) 시기는 사내 커뮤니케이션 직무에 전직 기자들이 대거 유입되면서 저널리즘의 뉴스가치를 업무에 적용합니다. 그리고 사보의 임무가 신속하고 치밀한 뉴스 전달로 변경되지만, 직원 사기진작이라는 오랜 목표를 무시하는 결과를 낳게 됩니다. 3단계(1980년대 후반~현재)에 접어들어서는 기업 간 경쟁의 격화, 글로벌 시장의 형성, IT의 등장 등이 직장환경을 변화시키면서 회사의 전략적 목표에 초점을 맞춰 전략실행을 효과적으로 돕는 유일한 기능으로 사내 커뮤니케이션의 역할이 변모하게 됩니다. 참고로 브랜든의 사내 커뮤니케이션 발전 3단계가 실린 논문의 제목이 "From the three Bs to the high Cs"인데요, 1단계 시기에서 사보의 소재가 되었던 생일Birthday, 아기Babies, 야구경기의 점수ball scores의 첫 글자를 따서 three Bs, 3단계 시기의 특징인 도전Challenge, 변화Change, 헌신Commitment의 첫 글자를 따서 high Cs로 표현한 것입니다.

우리나라 기업의 사내 커뮤니케이션은 어떤 단계에 와 있을까요? 위에서 분류한 단계에 비추어본다면, 우리 경제의 고도압축성장을 반영하듯 모든 단계가 혼합된 모습을 보입니다. 그러나 아직도 많은 기업에서 초기 단계의 사내 커뮤니케이션에 머물러 있다는 인상을 지울 수 없습니다. 무엇보다 사내 커뮤니케이션의 임무와 역할을 커뮤니케이션 수단인 채널에만 집중하는 전술적 차원에서 탈피해 목표를 이루기 위한 전략적 차원으로 이동시키는 일이 시급하고 중요한 과제입니다.

내부 마케팅을 하라

변혁적 리더십으로 관리해야 할 직원들의 긍정적인 정서와 가치관을 '정서자본emotional capital'이라고 표현하기도 합니다. 내부 커뮤니케이션 전문가인 케빈 톰슨Kevin Thomson은 저서인 『기업의 숨겨진 핵심자산, 정서자본Emotional Capital』에서 지식자본intellectual capital과 함께 정서자본이 모든 조직이 갖추어야 할 두 개의 자산 중 하나라고 했습니다.[15] 조직을 역동적으로 만드는 정서자본은 집요함, 도전정신, 열정, 몰입, 확신, 기쁨, 애정, 자부심, 열망, 신뢰 같은 것입니다. 톰슨은 정서자본을 구축하는 방법으로 '내부 마케팅internal marketing'을 이야기합니다. 내부 마케팅은 내부 커뮤니케이션에 마케팅 기법을 적용한 것이지요. 흔히 마케팅은 고객을 대상으로 하는 것이라고 알고 있는데, 직원을 대상으로 마케팅을 한다니 이상하게 들릴 수도 있습니다. 원래 내부 마케팅 개념은 서비스 기업에서 서비스 품질을 향상시키기 위해 대두된 것입니다. '직원만족이 고객만족이다', '고객을 만족시키기 위해서는 먼저 직원을 만족시켜야 한다'가 바로 내부 마케팅의 논리입니다.

페르베즈 아미드Pervaiz K. Ahmed 호주 모나시대학 교수와 모하메드 라피크Mohammed Rafiq 영국 러프버러대학 교수는 저서 『인터널 마케팅Internal Marketing』에서 "인터널 마케팅이란 조직을 고객 중심적으로 통합, 운영하기 위하여 마케팅적 방식으로 직원들에게 동기를 부여하려는 계획된 노력이다"라고 합니다.[16] 그리고 인터널 마케팅의 다섯 가지 중요한 요소로 ① 직원 동기부여와 만족, ② 고객지향과 고객만족, ③ 부서 간의 협력과 통합, ④ 이들을 달성하기 위한 마케팅적 접근, ⑤ 기업 또는 부서의 구체적인 실행을 꼽습니다.

내부 마케팅이라는 개념은 사내 커뮤니케이션에 소홀했던 우리의 기업문화에 매우 파격적인 개념일 수도 있습니다. 직원을 내부 고객으로 파악하고 외부 고객에게 하는 것과 유사하게 대우한다는 생각은 기존의 사고체계를 전환해야 함은 물론 많은 자원을 투입해야 한다는 의미이기도 하기 때문입니다. 내부 마케팅을 함으로써 고객 마케팅도 더 큰 효과를 볼 수 있다는 강한 확신이 들지 않으면 실행하기 어려운 일일 수도 있습니다. 그러나 다른 한편으로 '커뮤니케이션'이란 표현이 다소 추상적으로 느껴졌다면 '마케팅'은 매우 친숙하고 구체적인 느낌을 주기 때문에 사내 커뮤니케이션 발전에 도움이 되는 측면도 있습니다.

세 방향으로 커뮤니케이션 하라

사내 커뮤니케이션은 기업의 정서자본을 만드는 수단입니다. 기업의 혈관과도 같으며 방향성을 가지고 있습니다. 기업의 내부 커뮤니케이션은 하향식 커뮤니케이션, 상향식 커뮤니케이션, 수평적 커뮤니케이션의 세 가지 방향으로 이루어집니다. 여기에서 하향식 커뮤니케이션과 상향식 커뮤니케이션은 독립된 별개의 프로세스가 아니라 하나의 순환고리로 연결되어야 합니다.

세 가지 방향의 커뮤니케이션 가운데 기업 내부에서 가장 문제가 되는 부분은 상향식 커뮤니케이션이 잘 이루어지지 않고 있다는 것입니다. 많은 기업에서 제안(건의)제도를 운영하거나 다양한 방식의 회의 그리고 톡톡 튀는 이벤트를 하고 있기는 합니다만, 사실은 "까라고 하면 까!", "절이 싫으면 중이 떠나야지!"와 같은 폭력적이고 냉소적인 문화가 지배하고 있는지도 모릅니다. 조직구성원을 기계장치의 부품으로 여기는 산업혁명기 고전적 조직이론의 패러다임에서 벗어나지 못하고 있는 것입니다.

그렇다면 하향식 커뮤니케이션은 잘 되고 있을까요? 하향식 커뮤니케이션인 지시와 전달이 대량생산 시대, 산업화 시대의 마케팅처럼 (직원들이 보든지, 듣든지 상관하지 않고) 내려보내지기만 하는 것은 아닌지 생각해볼 필요가 있습니다. 공문서나 사내 게시판 또는 회의 등을 통해서만 커뮤니케이션이 이루어진다면 상층부의 의도가 제대로 전달되지 않습니다. 일대일 커뮤니케이션과 충분하고 숨김없는 정보전달이 우선시되어야 합니다. 만일 그렇지 않으면 직원들이 회사의 방침과 지시를 정서적으로 받아들이고 체화하는 것이 어렵게 되고, 또한 정보불균형을 채우기 위해 비공식적인 채널에 의존하게 됩니다. 비공식 채널이 만연하게 되면 헛소문과 유언비어가 생겨날 따름입니다.

수평적 커뮤니케이션은 협력과 혁신을 위해 반드시 필요한 커뮤니케이션 방식입니다. 기업의 업무는 한 부서가 단독으로 집행하기보다 여러 부서가 협력해야 하는 경우가 대부분입니다. 그러나 부서 간 이기주의나 사내 정치적인 이유 때문에 원활한 협력이 이뤄지지 않는 일이 종종 벌어집니다. 특히 업무의 공功이 다른 부서에 돌아가는 경우와 과過가 발생하면 같이 책임져야 하는 경우에 쉽게 업무협조가 이뤄지지 않게 됩니다. 고위 간부가 회사 내에서 자신의 입지에 유리한 경우에만 나서려고 하는 경향을 보이는 것도 한 가지 원인이 됩니다.

사실, 조직 내의 정치적인 문제는 조직이 합리적이어야 한다는 명제와 매우 배치되는 듯 보이지만, 조직은 국가통치 시스템과 유사한 정치체계로서의 성격도 가지고 있다는 것을 이해할 필요가 있습니다. 정치체계로서의 조직과 관련해 모건은 "경영자들은 기업조직에서 흔히 권한과 권력 그리고 상, 하급자 간의 관계에 대해서 이야기한다. 그렇지만 이러한 개념들은 지배자와 피지배자 간의 관계와 활동을 포함하는 일반적인 정치적 이슈들과 본질적으로 크게 다르지 않다. 그리고 만일 우리가 이러한 사고와 논리를 조금만 더 발전시킨다면, 우리는 조직을 하나의 '통치 시스템system of government'으로서 이해해볼 수가 있게 된다"라고 말했습니다.[17] 조직을 정치체계로 이해한다면 사내 커뮤니케이션 전략수립과 전술설계에 보다 효과적인 방안을 찾을 수 있을 것입니다.

잭 웰치와 벽 없는 조직

잭 웰치 전 GE 회장은 회사와 구성원 간의 신뢰구축과 상호이해를 위해 '벽 없는 조직boundaryless organization'을 만든 바 있습니다. 당시 GE에는 상사와 부하 간, 부서와 부서 간에 장벽이 많았습니다. 정보공유도 잘 되지 않고, 배타적이고 냉소적인 문화가 만연해 있었습니다. 잭 웰치는 벽 없는 조직을 만들기 위해 '워크아웃work-out'운동을 펼쳤는데요, 조직 내의 모든 심리적 · 물리적 장벽이 없어진다면 학습이 가능한 지식조직, 열린 조직이 될 수 있다고 생각했던 것입니다. 그는 모든 관리자들의 인사평가도 벽 없는 조직에 대한 이해와 실천 여부에 따라 등급을 매겨 평가하는 등 제도적인 정착에도 힘썼습니다.

GE의 사례는 영향력 있는 베스트 프랙티스best practice로서 국내외의 많은 기업이 흉내를 냈습니다만, 성공 사례는 그다지 많은 것 같지 않습니다. 그 이유는 한마디로 GE는 GE에 맞는 방법으로 혁신을 했기 때문입니다. 여기서 강조하고 싶은 것이 '내부 마케팅' 관점입니다. 고객을 획득하고, 유지하고, 그들과의 관계를 강화하기 위해 사용하는 수많은 기법과 통찰력을 통해 조직 내부를 들여다봐야 한다는 것입니다. 내부 고객인 직원들은 어떤 사람들이고 어떤 생각을 하고 있는지, 어떤 전달 매체에 더 반응하는지, 무엇이 핵심적인 문제이고 어떻게 접근해야 하는지와 같은 진단이 필요합니다. 이에 따라 기업마다 적합한 전략과 전술도 자연스럽게 개발될 것입니다.

사내 커뮤니케이션과 소셜미디어

요즘 웬만한 기업은 사보, 사내 방송, 인트라넷, 블로그 등과 같은 사내 커뮤니케이션 수단 한두 가지쯤은 가지고 있습니다. 그러나 몇 가지의 사내 커뮤니케이션 수단을 갖췄다고 해서 커뮤니케이션이 잘 되고 있다고 생각하는 것은 착각입니다.

가장 일반적인 사내 커뮤니케이션 수단인 사보만 하더라도 직원들의 열독률이 낮은 것이 일반적인 현상입니다. 요즘은 쌍방향 커뮤니케이션이 가능한 소셜미디어의 출현으로 인해 사보가 소외되는 측면도 있지만, 낮은 열독률의 원인은 콘텐츠인 경우가 많습니다. 과연 사보가 신문이나 잡지와 같은 외부 매체와 비교해서 경쟁력이 있는지 한번쯤 생각해봐야 합니다. 구태의연한 편집과 콘텐츠, 게다가 편집권마저 제한적인 상황에서 사보가 직원들이 많이 보는 사내 커뮤니케이션 매체로 기능하리라 기대하는 것은 무리입니다. 사내 커뮤니케이션이 잘 되지 않는 까닭은 커뮤니케이션 수단 자체의 문제라기보다는 운용방식이 문제가 되는 경우가 더 많습니다.

사내 커뮤니케이션 수단도 소셜미디어의 발달로 새로운 환경을 맞이하게 되었습니다. 소셜미디어를 지식공유의 수단으로 활용하고 있는 IBM의 사례를 살펴보겠습니다.[18] IBM의 소셜미디어는 사내 인트라넷 포털인 ODW On Demand Workplace를 중심으로 배치되어 있습니다. ODW는 위키와 북마크, 블로그, 동영상 등 다양한 웹2.0 도구를 탑재한 일종의 항공모함 역할을 합니다. IBM 내부 소셜미디어의 중심 역할은 전 세계 직원들이 지식을 공유하고 협력하게 하는 것입니다. 위키센트럴WikiCentral은 이를 위한 플랫폼의 중심으로서, 임직원들이 협업을 위한 정보를 끊임없이 업데이트 하는 방식으로 운영되고 있습니다. 이 밖에도 IBMer(IBM 직원을 지칭하는 말)를 위한, IBMer에 의한 글로벌 백과사전이란 설명이 붙은 블루피디아Bluepedia 서비스, 파일을 공유하는 캣테일Cattail, 자신의 북마크와 태그를 공유할 수 있게 해주는 도그이어Dogear 서비스, 인맥을 쌓을 수 있도록 도와주고 협업에 대한 몰입도를 높이는 수단으로 활용되고 있는 비하이브Beehive가 있습니다. 본래 IBM은 비즈니스 혁신을 위해 소셜미디어를 본격적으로 이용하기 시작했는데요, 혁신을 위한 직원 아이디어 상시 제안 도구로 싱크 플레이스Think Place를 운영하고 있습니다.

메이요 효과

소셜미디어를 통한 사내 커뮤니케이션이 조직의 변화에 어떻게 기여하는지 보여주는 좋은 사례[19]로 미국 최고 병원 가운데 하나인 메이요 클리닉Mayo Clinic을 들 수 있습니다. 메이요 클리닉은 수요자 중심의 의료서비스라는 획기적인 마인드로 전 세계에서 가장 사랑받는 의료서비스 기관이 된 유명한 병원입니다.

메이요 클리닉은 세계적인 경기침체 속에서 몇 년간 힘든 시기를 보냈습니다. 병원의 모든 구성원들은 안전이나 질적 수준을 희생시키지 않으면서 비용을 절감하고 환자를 돌보는 절차를 더욱 효율적으로 만드는 방법들을 함께 찾아나갔고, 그런 노력 덕분에 2009년에 병원 역사상 최고의 성과를 거두게 됩니다. 이러한 성공은 신임 CEO인 존 노즈워디John H. Noseworthy 박사를 중심으로 새로운 전략적 계획을 수립하는 계기가 되었습니다. 2009년에 좋은 재무성과를 냈지만, 빠르게 변화하고 점점 더 불안정해지는 의료환경에서 메이요의 변혁을 지속할 필요가 있었던 것이지요.

변혁을 위한 내부 커뮤니케이션팀의 역할은 직원 한 사람 한 사람을 메이요의 전략과 일치시키고, 직원들의 지속적인 헌신이 메이요의 성공에 얼마나 중요한지 이해할 수 있도록 돕는 것이었습니다. 그러나 단지 직원들이 메이요 전략의 한 부분이라고 말하기만 해서는 충분치 않다는 것을 깨닫게 됩니다. 직원들이 스스로 메이요 전략의 한 부분이라고 느낄 필요가 있었던 것입니다. 그래서 실감 나는 언어적 표현과 현장의 목소리 그리고 영감을 불러일으키는 이야기를 통해 '어떻게 직원들이 메이요 클리닉의 현재와 미래의 전부인지'를 설명하기로 했습니다. 돌이켜보면 2009년 메이요의 재정적 성공은 헌신적인 직원들이 놀라운 일을 성취해냈기 때문에 가능했던 것입니다. 그래서 직원들이 보여주었던 헌신적 노력을 '메이요효과Mayo Effect'라고 부르기로 했습니다. 그리고 2009년의 성공 사례와 어떻게 직원들이 그 놀라운 일을 성취해냈는지를 보여주는 '메이요효과'라는 비디오를 만들었습니다. 그 비디오는 어떻게 직원들이 지속적인 성공의 핵심적인 요소가 되었는지 그리고 어떻게 직원들 각자가 메이요의 미래를 창조하는 힘을 갖게 되었는지 보여주었습니다.

한편, CEO 노즈워디와 관리담당임원 셜리 바이스Shirley Weis는 직원들과 스물아홉 번의 면대면 미팅을 갖으며 메이요의 전략방향을 공유했습니다. 그리고 직원들에게 정책의 우선순위를 알리고, 정책 메시지를 전달하며, 직원들이 적응하는 데 도움을 주는 블로그를 통해 대화에 참여하도록 독려했습니다. 이렇게 해서 첫 두 주일 만에 2만 2,000명의 직원이 블로그를 방문하는 성과를 거뒀습니다. 블로그는 환자와 직원들의 이야기를 점차 늘려가면서 신선함을 유지했고, 블로그의 내용도 리더십 비디오, 웹 캐스트 미팅, 메이요 클리닉의 실시간 뉴스 제공과 업데이트 등으로 확대되었습니다. 그리고 블로그에 직원들이 코멘트를 달고 피드백을 할 수 있도록 지속적으로 격려했습니다.

이렇게 메이요효과 캠페인의 첫 단계 8개월이 지난 후 직원들을 대상으로 설문조사를 실시했습니다. 결과는 직원의 88%가 메이요효과에 대해 알게 되었고, 84%가 전략적 계획의 사명, 비전, 핵심 사업 등을 알게 되었으며, 56%가 메이요효과가 그들에게 무엇을 의미하는지 알게 되었다는 조사결과가 나왔습니다.

메이요효과 캠페인의 성공은 많은 기여자가 있었기에 가능했지만, 가장 큰 성공요인은 절차를 너무 복잡하게 만들지 않은 것이었습니다. 사실 직원들은 대화에 참여하기를 원하고 있었지만 바쁜 일상 업무 때문에 능동적으로 대화에 참여하기가 어려웠습니다. 그래서 내부 커뮤니케이션팀은 직원들이 있는 곳으로 직접 다가가는 전략을 택했습니다. CEO를 비롯한 메이요의 리더들이 세 군데의 병원에 직접 방문하여 스물아홉 번의 미팅을 함으로써, 메이요의 경영진이 직원들과 전략적 계획을 공유하는 데 많은 시간과 노력을 투자하고 있고 이 일이 그만큼 충분한 가치가 있음을 몸소 보여준 것이었습니다. 또한 직원들이 정기적으로 방문하는 인트라넷을 활용하여 토론에 활발히 참여할 수 있도록 로그인 같은 절차를 없애고 최대한 단순화시켰습니다. 직원들은 전략적 계획이 그들에 관한 모든 것이라고 여기게 되었습니다.

메이요효과 캠페인은 아직도 진행 중입니다. 직원들은 현재도 메이요효과 비디오 콘테스트에 참여하라고 요청받고 있습니다. 비디오 콘테스트에서 직원들은 자신의 이야기를 공유하고, 좋아하는 작품에 투표를 합니다. 이처럼 소셜미디어는 메이요 직원들을 커뮤니케이션의 한 부분, 대화의 한 주체로 만든 것입니다.

참고문헌

1 엄동욱 외, 「조직 내 소통 활성화를 위한 제언」, ≪CEO인포메이션≫, 795호, 2011. 3. 16.

2 http://www.towerswatson.com/ko-KR/Press/2012/08/7719

3 기어트 홉스테드, 『세계의 문화와 조직』, 차재호 · 나은영 옮김(학지사, 1995).

4 David M. Dozier, Larissa A. Grunig and James E. Grunig. *Manager's guide to excellence in public relations and communication management*(Lawrence Erlbaum Associates, 1995).

5 P. Blyton, P. Turnbull, *The Dynamics of Employee Relations*(Macmillan, 1994, cited in Mike Leat, *Exploring Employee Relations*, 2nd edition. Elsevier Ltd, 2007).

6 Eileen Scholes, *Gower Handbook of Internal Communication*(Gower Publishing Limited, 1997).

7 Mary Welch, Paul R. Jackson, "Rethinking internal communication: a stakeholder approach", ≪Corporate Communications: An International Journal≫ Vol. 12, No. 2(2007), pp. 177~198.

8 Mary Welch, Paul R. Jackson, "Rethinking internal communication: a stakeholder approach".

9 Natalie J. Allen, John P. Meyer, "The measurement and antecedents of affective, continuance and normative commitment to the organization", ≪Journal of Occupational Psychology≫, 63(1990).

10 폴 마르시아노, 『존중하라: 존중받는 직원이 일을 즐긴다』.

11 James E. Grunig, Todd Hunt, *Managing Public Relations*.

12 Ann Pilkington, "The role of the internal communication practitioner", *Exploring Internal Communication: Towards Informed Employee Voice*(Pearson Education Limited, 2012).

13 James E. Grunig, Todd Hunt, *Managing Public Relations*; Ann Pilkington, "The role of the internal communication practitioner".

14 린 스미스, 『효과적인 사내커뮤니케이션』, 신호창 옮김(커뮤니케이션북스, 2007).

15 케빈 톰슨, 『기업의 숨겨진 핵심자산, 정서자본』, 이주일, 오승훈 옮김(새로운 제

안, 2000).

16 페르베즈 K. 아미드 · 모하메드 라피크, 『인터널 마케팅』, 한국IMC연구회 옮김 (지식공작소, 2007).

17 가레쓰 모르간, 『조직의 8가지 이미지』.

18 “IBM의 비즈니스 혁신: 링크만 클릭하면 공유 파일 다운로드”, ≪동아비즈니스리뷰≫ 40호(2009).

19 Karen Trewin, “Mayo Effect,” ≪Strategic Communication Management≫, July/August(2011).

CHAPTER 9

투자자를 감동시켜라

IR은 PR이다

한국거래소KRX: Korea Exchange에 따르면 2012년 말 현재 우리나라의 주식투자 인구는 502만 명이라고 합니다.[1] 경제활동인구 5명당 1명이 주식투자를 하고 있는 셈이지요. 그래서 그런지 이제는 기업들뿐만 아니라 개인들에게도 IR이라는 말이 더 이상 낯선 단어가 아닙니다. 대개 'IR=기업설명회'라고 인식하고 있습니다. 그래서 통상 'IR 한다'라고 하면 기업에서 증권사 애널리스트나 기관투자가(펀드매니저)를 모아놓고 실적을 발표하는 것쯤으로 생각하게 됩니다. 언론에서도 주로 이런 식으로 IR을 설명하고 표기하고 있습니다. 또한 일부에서는 'IR=주가관리'라는 인식을 가지고 있기도 합니다. IR을 주가가 떨어지지 않게 하거나 올라가게 하는 활동으로 보는 것이지요. 그래서 어떤 기업의 주가가 떨어지면 투자자들은 IR 담당자에게 전화해서 항의를 하기도 하고, 경영자들은 IR 담당자를 질책하는 경우도 있습니다. 또 다른 일부에서는 IR을 '공시公示, Disclosure'업무에 한정해서 이해하고 업무를 진행하는 경우도 있습니다.

기업IR활동의 최종 책임자인 CEO들은 IR을 어떻게 생각하고 있을까요? 2006년 '한국상장회사협의회'가 267개 상장법인을 대상으로 IR실태를 조사한 결과에 따르면, IR이 불필요하다고 생각하는 CEO가 36.7%, IR 자체를 전혀 모르는 CEO도 6%나 됐습니다.[2] IR이 불필요한 이유로는 사업, 제품의 특성상 필요가 없다는 응답이 62.8%, 주가가 오르거나 기업정보가 상세히 공개되면 납품단가 인하 요구 등 거래에 불리하게 작용하기 때문이라는 응답이 16%, 주가가 올라가면 증자, 상속 등에 문제가 있다는 응답도 7.4%였습니다. 전반적인 인식 부족이 드러나는 통계수치입니다.

이제부터 IR이 기업설명회인지 주가를 올리는 활동인지 아니면 공시업무인지 살펴보기로 하겠습니다. IR은 Investor Relations의 약자입니다. '투자자관계'라고 번역할 수 있겠지요. 미국 IR협회NIRI: National Investor Relations Institute는 IR을 "기업, 금융계와 다른 이해관계자들의 가장 효과적인 쌍방향 커뮤니케이션을 가능하게 하기 위해 재무와 커뮤니케이션, 마케팅과 증권법규 준수를 통합하는 전략적 관리책임"이며 "궁극적으로 유가증권의 공정가치 달성에 기여하는 것"이라 정의하고 있습니다.[3] 또 영국 IR협회IRS: Investor Relations Society는 IR을 "기업과 투자커뮤니티 간의 정보와 이해의 커뮤니케이션이다. 이런 과정은 기업의 활동과 전략 그리고 전망에 대한 충분한 공감을 가능하게 하며, 증권시장에서 기업의 공정한 가치와 적정한 기업소유권에 관한 정통한 판단을 가능하게 한다"라고 정의하고 있습니다.[4]

종합해보면 IR은 기업과 투자자 및 이해관계자들 사이의 쌍방향 커뮤니케이션이고, 적정한 주가를 형성하게 하는 활동임을 분명히 알 수 있습니다. 다시 말해 IR은 다양한 공중 가운데 하나인 투자자와 상호이해를 구축하고 유지해나가는 쌍방향 커뮤니케이션 활동이며 기업PR활동의 한 분야인 것입니다. 그렇기 때문에 IR과 기업설명회, 공시는 같은 말이 아니지요. 기업설명회는 수많은 IR 커뮤니케이션 방법 가운데 한 가지이며, 공시는 기업의 사업내용과 재무정보, 경영실적 등을 공개하게 함으로써 주주와 채권자, 투자자를 보호하고 주식시장의 불공정거래를 방지하기 위한 제도입니다. 상법과 증권거래법에 규정되어 있어 법적인 효과도 가지고 있습니다. 이렇게 공시는 정보공개를 강제하는 수단입니다.

앞서 IR이 PR의 한 분야라고 했는데요, IR에 관한 많은 책과 자료에서 IR과 PR의 차이점에 대해 대단히 잘못된 설명을 하고 있고 이런 견해가 마치 일반론인 것처럼 받아들여지고 있습니다. 주로 "IR은 쌍방향 커뮤니케이션이고, PR은 일방향 커뮤니케이션이다", "IR은 회사의 장점과 단점 모두 전달하지만, PR은 장점만을 말한다"라고 하는 설명들입니다. PR을 선전과 동일시하고 IR을 차별화하려는 논리입니다. IR이 PR의 한 분야라는 사실이 중요한 이유는 IR을 PR로서 이해해야만 전략적인 측면에서 PR의 철학과 원칙인 우호적 관계형성, 쌍방향 커뮤니케이션, 상호이해, 변화를 IR활동의 철학과 배경으로 삼을 수 있고, 전사적인 IR활동을 전개해나갈 수 있기 때문입니다. 전술적 측면에서는 PR의 다양한 방법과 전술을 통합적으로 활용함으로써 효과를 극대화할 수 있는 것이지요.

시장 참가자를 파악하라

IR의 정의에서 살펴본 바와 같이 IR이 궁극적으로 주식의 공정가치를 달성하는 것이라면 그 목적은 어떻게 이룰 수 있을까요? 시장 참가자들(주주, 투자자, 애널리스트, 기자 등)이 해당 기업의 재무적, 비재무적인 정보를 충분히 파악하고, 이를 근거로 예측과 평가를 할 수 있어야 합니다. 모든 정보가 공개되어야 하고, 시장 참가자들이 그 정보에 접근할 수 있어야 가능해지는 것이지요.

따라서 기업은 IR활동의 주요 대상인 시장 참가자들이 누구인지 파악하고, 이들과 커뮤니케이션 할 수 있는 채널들을 확보하여 지속적으로 관계를 유지, 발전시켜나가는 일이 무엇보다 중요합니다. 그 다음에 중요한 것이 콘텐츠입니다. 시장 참가자들과 커뮤니케이션

네트워크를 잘 형성해놓았다고 하더라도 전달할 수 있는 콘텐츠가 부족하거나 정확하지 않다면 아무 소용이 없습니다.

IR활동의 대상을 구체적으로 살펴보도록 하겠습니다. 가장 중요한 대상은 투자자입니다. 그중에서도 기관투자가는 매우 중요한 존재입니다. 연기금이나 은행, 보험사, 증권사, 자산운용사 등 금융기관은 막대한 자금을 주식시장에 투자하고 있기 때문입니다. 개인투자자도 무시할 수 없습니다. 특히 코스닥은 개인투자자 비중이 2012년 말 현재 63.5%에 달할 정도로 개인들의 참여가 높은 시장입니다.[5] 다음으로 애널리스트가 있습니다. 애널리스트는 기업의 가치를 분석해서 목표주가를 산출하고 투자코멘트를 하는 투자전문가입니다. 증권사와 같이 주식매수를 권유하는 입장에 있는 기관의 애널리스트를 '셀 사이드sell-side', 자산운용사 등과 같이 주식을 사는 입장에 있는 기관의 애널리스트를 '바이 사이드buy-side'라고 합니다. 여기서 알아두어야 할 것이 증권사의 '유니버스universe'입니다. 분석대상 종목을 일컫는 말인데요, 대형 증권회사들의 분석대상 유니버스는 보통 200여 개 내외입니다. 한국거래소에 상장되어 있는 기업이 2014년 1월 14일 현재 1,831개인 것을 감안하면 정말 작은 숫자입니다. 증권사 유니버스에 들어가 있어야 기업분석보고서가 나오며 최소한 기관투자가들의 관심을 받을 수 있습니다. 그 외의 종목들에 관해서는 주로 '스몰캡small capital'(중소형주)을 담당하는 별도의 애널리스트들이 기업탐방보고서 등을 발표하곤 합니다.

증권사의 브로커(주식중개인)도 IR활동의 대상이 될 수 있겠지요. 브로커는 기관투자가의 주식매매를 돕는 법인브로커와 일반투자자를 돕는 소매브로커로 나누어집니다. 특히 소매브로커는 증권사 지점에서 주식매매를 권유하기 때문에 개인투자자들에게 많은 영향을 미치고 있습니다.

마지막으로 언론입니다. 경제신문과 온라인 경제 매체, 방송은 투자자들에게 직접적인 영향력을 주고 있습니다. 특히 온라인 경제 매체와 증권방송 등은 주식시세에도 실시간으로 영향을 미칠 정도입니다. 더욱이 증권사가 제공하는 홈트레이딩시스템HTS: Home Trading System에는 언론사의 뉴스속보 서비스가 연결되어 있어 개인투자자들의 투자판단에 영향을 주기도 합니다. 또한 대부분의 경제 매체에서 'IR클럽'과 같은 기업커뮤니티를 운영하고 있습니다. 이들 언론사에서는 커뮤니티에 가입한 기업을 대상으로 일 년에 몇 차례씩 기업소개와 경영실적, 전망 등을 취재해서 보도해줍니다.

IR활동의 주요 대상과 관계를 형성하는 것은 기업이 처한 상황과 필요에 따라 전략적으로 이루어져야 합니다. 인지도가 낮은 기업, 실적과 전망은 좋으나 저평가된 기업, 신규 사업에 진출하려는 기업, 유동성이 현저히 떨어지는 기업, 모멘텀이 형성된 기업 등 각 기업은 저마다 놓여 있는 상황이 다르며 그에 따라 관계를 유지, 강화해나가야 할 대상이 달라지는 것입니다. 예컨대, 주식시장에 잘 알려져 있지 않고 실적도 주목받지 못하는 기업은 기관투자가와 접촉한다거나 증권사 애널리스트에게 기업분석보고서를 써달라고 하기 전에 언론 홍보 등을 통해 기업을 알리려는 노력을 먼저 해야 하고, 증권사 스몰캡팀의 탐방보고서를 유도하는 것이 현명합니다. 즉, 해당 기업의 IR상황에 대한 분석과 검토가 충분히 이루어지고 난 다음에 주요 IR 대상 분석과 커뮤니케이션 채널 형성이 이루어져야 합니다.

투명하게 공개하라 IR활동의 주요 대상을 규명하고 관계를 형성하는 일만큼 중요한 것이 콘텐츠입니다. IR활동에서 콘텐츠는 회사의 어제와 오늘 그리고 내일이라고 말할 수 있습니다. CEO의 경력, 사업의 목적과 내용, 제품과 서비스, 실적 그리고 경쟁상황과 향후 전망 등 기업의 모든 것이 콘텐츠를 이룹니다. 따라서 IR방법과 전술을 생각하기에 앞서 좋은 기업, 성장성 있는 기업이 되기 위한 근본적인 노력이 전제가 되어야 하는 것이지요. 실제로 커뮤니케이션 할 내용이 빈약해서 IR활동에 적극적으로 나서지 못하는 기업이 많이 있습니다. 또한 콘텐츠가 있다고 하더라도 투명하고 열린 경영 시스템과 개방적인 정보공개 마인드가 없으면 원활한 IR활동이 되지 않습니다. 2012년 '큐더스IR연구소'의 한 보고서에 따르면, 우리 기업들은 기업설명회에서조차 자료공개에 소극적이라고 조사된 바가 있을 정도로 아직도 투명한 정보공개에 적극 나서는 모습을 보여주고 있지 못합니다.[6]

IR활동에서 가장 중요한 무대는 주식시장입니다. 주식시장의 특성상 기업이 맞닥뜨리게 되는 문제 가운데 하나가 바로 '루머'입니다. "소문에 사고 뉴스에 팔아라!"라는 증시 격언이 있을 정도로 루머는 주식시장과 떼어놓고 생각할 수 없습니다. 증시 루머는 기업의 각종 이해관계자에 의해 기업 내부 정보가 입소문을 타고 외부로 흘러나오는 경우도 있지만, 시세에 영향을 미치려는 작전세력에 의해 생성되는 경우가 많습니다.

문제는 이런 루머가 증시 참가자들에게 영향을 미쳐 급격한 주가변화를 초래한다는 데 있습니다. 특히 증시 루머는 증권가에서 널리 사용되는 인스턴트 메신저 등을 통해 빠르고 광범위하게 퍼져나가는 경향을 보입니다. 주식시장의 소문이 기업의 채권자인 은행 등 금융권에 영향을 주어 거래처관계, 소비자관계에도 영향을 미칠 수 있기 때문에 각별한 관리가 요구됩니다.《매일경제》가 2010년 5월 국내 24개 금융투자회사(18개 증권사, 6개 운용사) 애널리스트 234명과 펀드매니저 56명에게 증시 루머에 대한 설문조사를 했는데요, '루머를 절반 이상 신뢰한다'는 응답이 66.2%나 됐습니다. 그리고 39%가 '신빙성과 상관없이 주가에 영향을 주기 때문에 루머에 신경을 쓴다'고 답했습니다.[7] 이렇게 루머가 확산되는 현상은 심리학자인 칼 호블랜드Carl Iver Hovland 박사의 연구결과인 '수면자효과sleeper effect'로 설명할 수 있는데요, 정보출처의 신뢰성과 관계없이 시간이 지나면서 메시지만을 기억하게 되는 현상을 말합니다. 공신력이 떨어지는 정보라고 하더라도 시간효과에 의해 설득력을 갖게 되는 것이지요. 이런 루머에 시달리거나 피해를 입지 않기 위해서는 기본적으로 투명하게 정보를 공개한다는 원칙이 확립되어 있어야 합니다. 정보공개에 폐쇄적일수록 루머가 성행하고 피해자가 되기 쉽습니다.

그리고 애널리스트, 기자, 임직원 등 IR활동의 주요 대상들과 꾸준히 지속적인 관계를 유지해나가야 합니다. 평소에 이들과 커뮤니케이션이 잘 되고 있다면 루머가 확산되는 것을 조기에 차단할 수 있습니다. 이미 루머가 퍼지고 있는 상황이라면 신속하게 사실관계를 밝힐 필요가 있습니다. 보도자료를 발표하거나, 주요 이해관계자들에게 사실관계를 빠른 시간 안에 설명해야 합니다. 물론 회사 내부에도 전파해서 직원들의 불필요한 동요를 막아야 합니다.

실무적으로 IR콘텐츠는 재무, 회계적인 정보가 주를 이루는 만큼 IR 담당자에게 재무, 회계지식은 기본적으로 갖춰야 할 역량이며 재무/회계팀과의 협력이 매우 중요합니다. 그리고 회사의 경영전략, 영업현황에 대해 정확하고 포괄적인 이해가 필요합니다. 그래서 IR 활동이 회사를 전체적으로 아우르지 않으면 그 활동에 대한 성과를 기대하기 어려운 것입니다. 실제로 부서 이기주의, 과도한 비밀주의 등으로 팀 간에 원활한 협력이 이루어지지지 않아 IR활동에 기본이 되는 데이터와 콘텐츠를 확보하는 데 곤란을 겪는 경우도 많이 있습니다.

가장 기본적인 IR콘텐츠는 'IR 프레젠테이션 자료'입니다. 기업의 사업내용과 사업방향, 재무실적과 전망 등을 담은 'IR 프레젠테이션 자료'가 기업설명회나 애널리스트의 기업탐방 시 기본 자료로 활용되고 있습니다. 회사에 관한 모든 것을 압축해서 투자자들에게 보여주는 무척 중요한 자료이기 때문에 내용 구성과 디자인에 세심한 주의가 필요합니다. 내용은 정확성과 신뢰성이 담보되어야 합니다. 특히, 과거 수치야 이미 공개되어 별 문제가 없겠지만 사업전망과 실적 등이 과장되거나 장밋빛으로만 일관한 내용은 이해관계자들에게 불신만을 초래하는 지름길입니다.

IR 커뮤니케이션 방법으로는 국내외 기업설명회와 일대일 미팅, 기업탐방, 기자간담회 등 여러 가지가 있습니다. 커뮤니케이션 방법은 커뮤니케이션의 상대방이 누구냐, 커뮤니케이션의 내용이 무엇이냐에 따라 다를 수 있고 여러 가지 방법이 복합적으로 또는 선별적으로 적용될 수 있을 것입니다.

질적 지표가 중요하다 IR활동은 쌍방향 커뮤니케이션이 되어야 합니다. 기업은 경영과 관련된 정보를 투명하게 공개하고 이해관계자에게 이해를 구하고 그들을 설득하면서 동시에 이해관계자들이 기업에 대해 말하는 것을 잘 들어야 합니다. IR 현장에서 투자자와 애널리스트, 언론이 기업에 대해 제기하는 모든 문제를 귀담아 듣고 실제로 경영에 반영하여 개선시키고 변화하는 모습을 보이지 않는다면 주식의 공정가치 형성은 말할 것도 없고, 기업의 번영과 발전 역시 매우 요원遙遠한 일이 될 것입니다. 기업에 불리한 정보는 최대한 숨기면서 일방적인 이야기만 한다거나, 기업에 대한 충고나 비판을 받아들이기보다 오히려 위협요소로 생각해서 부정하고 '관리'만 하려고 든다면 기업을 위기에 몰아넣는 지름길이 될 것입니다.

따라서 기업설명회를 몇 번 했느냐, 언론에 기사가 몇 건 나왔느냐 하는 양적인 실적보다 얼마나 신속하고 투명하게 정보를 전달했는가, 시장에서 제기되는 문제를 충분히 인식하고 있는가, 어떻게 반응했는가, 기업에 대한 이해관계자들의 신뢰도가 얼마나 높아졌는가 등과 같은 질적인 지표들이 몇 배 더 중요하며, 이것들이 IR활동을 평가하는 새로운 지표가 되어야 하는 것입니다.

참고문헌

1 「2012년도 "주식투자인구 및 주식보유현황" 조사」, 한국거래소 보도자료, 2013.7.22.

2 「상장법인의 IR활동 실태조사 결과」, 한국상장회사협의회 보도자료, 2006.9.13.

3 www.niri.org/FunctionalMenu/About.aspx

4 www.irs.org.uk/about/definition-of-investor-relations

5 「2012년도 "주식투자인구 및 주식보유현황" 조사」.

6 "큐더스硏, 국내 상장사 IR자료 공개 소극적", ≪연합뉴스≫, 2012.5.9.

7 "루머, 증시 영향력 크다. 69% … 꾸준한 투자자관리 필수", ≪매일경제≫, 2010.5.16.

CHAPTER 10

고객처럼 생각하라

지식의 대통합 개미연구의 권위자이며 '사회생물학'을 창시한 석학인 에드워드 윌슨Edward O. Wilson 하버드대학 교수는 저서 『통섭: 지식의 대통합Consilience』에서 자연과학과 인문, 사회과학을 아우르는 학문의 대통합을 주장하며 이를 통해 인간 본성에 대한 이해와 외부 세계에 대한 정확한 지식에 근거한 21세기 지식혁명이 가능할 것이라고 했습니다.[1]

사실 과학기술의 눈부신 발전과 다양한 학문의 생성은 큰 단위에서 작은 단위로 점점 세분화되면서 진보해왔습니다. 그러나 이렇게 각개약진하면서 관찰하고 생각하다 보니 일정한 한계에 부딪히게 되었습니다. 그래서 다시 모이기 시작한 것입니다.

통섭統攝, 융합融合의 거대한 시대적 흐름은 비단 학문에서뿐만 아니라 기업과 교육 현장에도 불어닥치기 시작했습니다. 성장의 한계에 다다른 문명은 창조성을 간절히 요구하게 되었고, 자기 분야가 아닌 다른 곳에도 관심을 돌리기 시작한 것이지요. 불과 몇 년 전만 해도 '문사철文史哲(문학, 사학, 철학)'과 '경영'이 양립 가능한 분위기가 아니었지만 요즘은 기업들도 '인문학'의 필요성을 조금씩 인식하기 시작했습니다. 실제로 여러 기업에서 유명한 인문학 강사를 초빙해 강의를 듣는다거나 인문학 전공자를 채용하려는 움직임을 보이기도 했습니다.

통합적 마케팅 커뮤니케이션

기업의 대고객 커뮤니케이션도 '통섭'의 관점에서 바라봐야 할 필요가 있습니다. 기업 현장에서 마케팅 커뮤니케이션과 관련된 업무가 진행되는 양상을 보면 광고 따로, 언론홍보 따로, 이벤트나 프로모션 따로 진행되는 경우가 많습니다. 회의를 통해 협의하고 조정을 하기도 하지만 부서 이기주의, 부서 간 경쟁으로 인해 제대로 된 통합적 운용을 기대하기가 쉽지 않은 것이 현실입니다. 여러 기능을 한 부서에서 수행하는 중소 규모의 회사일 경우는 광고나 이벤트 등 한두 가지만을 관행적으로 실행하는 경우가 많습니다.

특히 의례적으로 마케팅 커뮤니케이션이라고 하면 광고라고 인식하는 경우가 많습니다. 광고가 빠지면 생색이 나지 않는다고 느끼기도 합니다. 광고가 제작되는 과정에서도 크리에이티브creative(광고의 제작표현)에 치중하는 경향이 강하고 CEO나 임원 등 의사결정권자가 선호하는 광고가 집행되는 경우가 많습니다. 경영진을 설득하기 위한 광고인지, 소비자를 설득하기 위한 광고인지가 불분명해지는 것이지요.

마케팅 전략가인 알 리스Al Ries와 로라 리스Laura Ries가 도발적인 제목의 저서 『마케팅 반란The Fall of Advertising and The Rise of PR』2에서 PR(언론홍보)은 브랜드 구축에, 광고는 브랜드 유지에 활용되어야 한다고 주장한 것도 브랜드 관리에 중심적인 도구로 인식되어온 광고만 가지고는 브랜드 구축과 관리가 어렵기 때문입니다. 마케팅에 PR의 방법, 전술을 활용하는 마케팅PR이 관심을 받게 된 이유도 같은 맥락입니다.

어찌 보면 마케팅 커뮤니케이션이 통합적으로 운영되어야 한다는 것은 너무도 당연한 상식입니다. 예를 들어 우리는 A라는 기업의 광고를 TV나 신문에서 보기도 하고, 신문에서 그 기업과 관련된 기사를 접하기도 합니다. 또 우편물로 배달되는 상품 리플릿을 열어보고, 콜센터에서 걸려오는 판촉전화를 받기도 합니다. 소비자는 이 모든 것을 각각 따로따로 인식하지 않습니다. 모두 A라는 기업의 마케팅 커뮤니케이션으로 생각하는 것이지요. 즉, 소비자들의 인식은 본래 통합되어 있습니다. 문제는 기업이 별도인 것처럼 운영한다는 데 있습니다. 그래서 통합적 마케팅 커뮤니케이션IMC: Integrated Marketing Communication 관점이 중요해지는 것이지요. IMC는 마케팅 커뮤니케이션에서 매우 중요한 전략적 개념입니다.

'밖에서 안'으로의 접근

돈 슐츠Don Schultz와 하이디 슐츠Heidi Schultz의 책 『IMC의 실행과 측정IMC-The Next Generation』에 따르면 1997년 미국 생산성 품질센터APQC: American Productivity and Quality Center가 수행한 IMC 우수사례 벤치마킹 조사과정에서 IMC가 정의됐는데요, "통합적 마케팅 커뮤니케이션이란 소비자, 현재 및 잠재 고객 혹은 기타 목표대상이나 관련된 내외부 공중을 대상으로 지속적으로 측정 가능하고 조화된 설득적인 브랜드 커뮤니케이션 프로그램을 기획, 개발, 실행, 평가하는 전략적인 비즈니스 과정이다"라고 했습니다.[3] 그리고 APQC의 조사결과를 통해 IMC의 4단계 발전과정모델이 만들어졌습니다.

1단계는 전술적 조합의 수준입니다. 마케팅 커뮤니케이션의 모든 활동이 'one sight, one sound, one voice'를 유지할 수 있도록 하는, 한목소리를 내는 단계인 것입니다. 2단계는 마케팅 커뮤니케이션을 재정의하는 수준입니다. 모든 고객접점에서 마케팅 커뮤니케이션 담당자들이 고객을 알기 위해 커뮤니케이션을 운영하는 단계로, 마케팅 커뮤니케이션을 소비자 관점에서 바라보는 '밖에서 안으로'의 사고방식입니다. 3단계는 정보기술을 통합에 응용한 수준입니다. IT 기술을 활용하여 핵심 고객을 규명하고 평가하는 등 경험적 고객데이터를 활용하는 단계입니다. 고객데이터베이스를 축적하고 활용하는 것이지요. 4단계는 재정적, 전략적 통합의 수준입니다. 1단계에서 3단계에 걸쳐 확보된 고객데이터를 회사의 전략적 기획에 반영하는 단계입니다. 이 과정에서는 마케팅 커뮤니케이션의 효과를 측정하는 시스템과 절차 그리고 기업의 전략 목표에 IMC를 일치시키는 것이 중요합니다.

얼핏 보기에 IMC, 통합적 마케팅 커뮤니케이션은 여러 가지 마케팅 커뮤니케이션 수단을 총동원하여 소비자들에게 '메시지 융단폭격'을 하라는 얘기처럼 들릴 수 있습니다. 그러나 IMC가 강조하는 핵심적인 개념은 '밖에서 안으로의 접근outside in approach'입니다.[4] 밖에서 안으로의 접근은 소비자의 관점에서 시작하는 것입니다. 먼저 소비자들이 무엇을 원하는지, 무엇이 필요한지를 파악하고 그다음에 제공할 상품과 서비스를 소비자의 욕구와 필요에 맞추는 것입니다.

일반적으로 기업에서 마케팅 기획을 하는 프로세스를 보면 재무적 관점에서 이익 목표, 시장점유율 목표 등이 설정되고 그런 연후에 이를 달성하기 위한 마케팅 목표와 영업 목표가 세워지게 됩니다. 이것을 IMC에서는 '안에서 밖으로의 접근' 방법이라고 부르고 있습니다. 슐츠와 탄넨바움Stanley I. Tannenbaum, 로터본Robert F. Lauterborn은 저서인 『통합적 마케팅 커뮤니케이션Integrated Marketing Communications』

에서 '안에서 밖으로'의 접근 방법은 마치 "여기 우리가 제조한 것이 있다. 또 여기 우리가 설정한 판매 및 이윤 목표가 있다. 자, 이제 나가서 우리가 목표를 달성할 수 있게 도와줄 고객들을 찾아보자"라고 하는 것과 같다고 하며, "소비자들이 원하는 바가 무엇인지를 알자"라기보다는 "여기 우리가 소비자들에게 하고자 하는 것이 있다"는 관점이라고 합니다.[5]

따라서 IMC를 적절히 실행하기 위해서는 무엇보다 고객 중심적인 회사가 되어야 합니다. 고객을 중요한 자산으로 인식하고, 소비자 관점에서 계획을 수립할 수 있는 회사가 되지 않는다면 통합적 마케팅 커뮤니케이션의 수행은 매우 어려울 것입니다.

IMC 5단계 기획절차 구체적으로 IMC기획은 어떤 절차를 거치는지 알아보도록 하겠습니다. 돈 슐츠와 하이디 슐츠에 따르면 IMC기획은 5단계를 거친다고 합니다.

1단계는 고객과 잠재고객을 파악하기 위해 데이터베이스에서 출발합니다. 고객을 분류하는 방식도 기존과 같이 인구통계, 지역단위, 사회계층 등 집단유형별이 아니라 고객개인별 행동유형에 따라 이루어져야 합니다. 2단계는 고객과 잠재고객의 가치를 평가하는 단계입니다. 이들이 회사에 기여할 수 있는 구매능력을 파악하는 것이지요. 이 부분에서 회사가 어느 고객/잠재고객을 대상으로 얼마만큼의 자원을 배분할 것인가가 결정됩니다. 3단계는 커뮤니케이션 전략과 전술이 수립되는 단계입니다. 이 단계의 시작은 고객의 브랜드접촉점에 대해 깊이 이해하는 것에서부터 출발합니다. 간단히 말해서 고객이 회사로부터 메시지를 듣고 싶은 장소와 시기를 알아내어 그에 맞게 전달하는 것입니다. 4단계는 고객 투자비용에 대한 회수 가능성, 투자수익을 추정하는 단계입니다. 5단계는 예산배분과 평가단계입니다. IMC기획은 순환적인 모델입니다. 따라서 5단계가 끝나면 다시 1단계로 연결되어야 합니다.

마케팅과 PR의 만남 IMC적인 마케팅을 하기 위한 전술로 유용한 것 중의 하나가 바로 마케팅PR이라고 할 수 있습니다. 미국 노스웨스턴대학 토마스 해리스Thomas L. Harris 교수는 저서인 『부가가치 PR: 통합적 마케팅의 비밀무기Value-Added Public Relations: The Secret Weapon of Integrated Marketing』에서 "MPR은 마케팅 목표를 달성하기 위해 PR의 전략과 전술을 사용하는 것이다. MPR의 목적은 인지도 제고, 판매촉진, 커뮤니케이션 활성화 그리고 소비자와 기업, 브랜드 간의 관계를 구축하는 것이다. MPR의 주된 기능은 신뢰성 있는 정보의 소통, 관련 이벤트의 후원 그리고 사회에 유익한 것들을 지원하는 것이다"라고 정의하고 있습니다.[6]

해리스 교수는 MPR 전략으로 '3Ps'를 말하고 있습니다. 필립 코틀러 교수가 말한 마케팅 촉진전략인 '미는 전략Push Strategy', '당기는 전략Pull Strategy'에 '통과전략Pass Strategy'을 하나 더 추가한 것입니다. '미는 전략'은 유통경로를 통해 최종소비자에게 제품을 밀어내는 전략이고, '당기는 전략'은 광고 등 소비자촉진 마케팅 활동을 통해 최종소비자가 그 제품을 구매하도록 하는 것입니다. '통과전략'이란 시장진입 시에 장벽이 되거나 부정적 영향을 미칠 수 있는 소비자단체, 환경단체, 정부, 종교단체 등 이해관계자들에 대한 전략을 말합니다. 이 세 가지 전략을 상황에 따라 상호보완적, 보조적으로 활용해야 하는 것입니다. 또한 해리스 교수는 MPR의 수단으로 상賞, 책자 발간, 콘테스트, 전시회, 팬클럽, 전문가 칼럼, 박물관 건립 등 수십 가지를 열거하고 있습니다.

에드워드 버네이스와 여성 흡연

오늘날 MPR 사례들은 무수히 많지만, 'PR의 아버지' 에드워드 버네이스Edward Louis Bernays를 빼놓고 MPR을 말하기는 어렵습니다. 에드워드 버네이스는 오스트리아계 미국인으로, 정신분석학의 창시자인 지그문트 프로이트Sigmund Freud가 외삼촌입니다. 미국 정부와 수많은 기업을 위해 홍보활동을 했고, 『Crystallizing Public Opinion』, 『Public Relations』, 『The Engineering of Content』, 『Propaganda』와 같은 저서도 남긴 사람입니다.

미국의 담배회사 아메리칸토바코American Tobacco를 도운 버네이스의 사례를 살펴보겠습니다.[7] 제1차 세계대전으로 미국 담배회사들은 많은 수익을 올렸습니다. 그러나 여기에 그치지 않고 신규 시장 개척을 위해 여성시장으로 눈을 돌리는데요, 가장 발 빠르게 움직인 사람이 바로 아메리칸토바코의 사장 조지 워싱턴 힐George Washington Hill입니다. 힐은 자사의 대표 브랜드 럭키스트라이크Lucky Strike의 판매 증진을 위해 더 많은 여성이 흡연하도록 하는 방법을 궁리한 끝에 '달콤한 것 대신 럭키를 찾으세요!'라는 슬로건을 내건 달콤한 과자 반대 캠페인을 진행했습니다. 살이 찌는 단 것을 먹는 대신 살이 빠지는 담배를 피우라는 캠페인입니다. 이때 힐 사장이 고용한 사람이 바로 버네이스입니다.

우선 버네이스는 전문가들을 이용하는 전술을 사용했습니다. 자신의 사진작가 친구를 통해 사진작가들과 예술인들에게 마른 몸매를 추켜세우는 말을 하도록 유도했고, 이런 분위기는 신문과 잡지에서 살 빼기에 대한 기사와 날씬한 파리 모델들의 사진을 싣는 트렌드를 만들어냈습니다. 또 다른 방법으로 호텔의 디저트 목록에 담배를 추가하도록 촉구하고, 선반 제조업자들을 고용해서 가정에 설탕, 밀가루를 보관하는 공간을 만드는 것과 같이 담배를 보관하는 공간을 만들도록 유도했으며, 가정경제학자들에게는 가정살림에서 담배의 중요성을 강조하도록 부추기기도 했습니다. 당시는 지금과 달리 담배의 유해성이 널리 알려지지 않았기 때문에 가능했던 일이지요.

이렇게 한 달간 진행된 달콤한 과자 반대 캠페인이 끝나자 두 번째 캠페인을 시작했는데요, 캠페인 주제를 '절제'로 정했습니다. 물론 여기서 말하는 절제는 단 음식의 절제였습니다. 즉, 단 음식을 덜 소비하고 더 많은 담배를 소비하자는 캠페인입니다.

두 번의 캠페인으로 인해 1928년 아메리칸토바코의 수익은 3,200만 달러가 되었고, 럭키스트라이크는 다른 모든 담배 브랜드를 합친 것보다도 많은 판매증가량을 보이게 되었습니다. 그러나 이에 만족하지 못한 힐은 1929년 버네이스에게 여성들이 집 안에서뿐만 아니라 길에서도 담배를 피우게 만드는 전략을 수립하라고 지시합니다.

이때 버네이스는 심리분석학자에게 도움을 청합니다. 남성성과 동일시되는 담배가 자유의 횃불이 될 수 있다는 심리분석학자의 말에 힌트를 얻어, 자유정신을 상징하는 휴일인 부활절 일요일에 뉴욕 맨해튼 5번가에서 저명한 여성들이 그들의 '자유의 횃불'(담배로 상징되는)을 밝히는 퍼레이드를 계획합니다. 그리고 이 기획을 실행하기 위해 사교계 여성 30명의 명단을 입수하여 퍼레이드에 동참할 것을 설득하는 다음과 같은 호소문을 보냅니다.

> 남녀평등을 위해 그리고 남녀차별에 맞서 싸우기 위해, 본인과 젊은 여성들은 부활절 일요일 맨해튼 5번가에서 행진을 하며 담배를 피워 또 다른 자유의 횃불을 지필 것입니다. ……
>
> 우리가 이렇게 하는 이유는 담배가 가정 내에서나 식당, 택시, 극장 로비에는

어울리지만 길거리에서는 절대로 안 된다는 바보 같은 편견에 맞서 싸우기 위해서입니다. 여성 흡연자들과 동반자들이 이날 오전 11시 30분부터 오후 1시까지 맨해튼 5번가 48스트리트에서 54스트리트까지 행진하게 될 것입니다.

이 호소문은 페미니스트 지도자의 서명과 함께 여러 신문광고에도 실리게 됩니다. 버네이스는 이날 퍼레이드가 비흡연자와 종교단체 등 보수층의 반발을 사게 될 것도 미리 계산해서 언론의 관심을 더 받을 수 있도록 치밀한 기획을 합니다. 결국 이 퍼레이드는 성공적으로 실행됩니다. 다음 날 여러 신문의 1면을 장식하면서 큰 화제가 된 것입니다. 이후 보스턴과 디트로이트 등에서도 같은 행사가 추진되면서 언론의 상당한 관심을 이끌어냈고 여성들의 흡연도 증가하여 결과적으로 아메리칸토바코에 많은 수익을 안겨주게 됐습니다.

몇 년 뒤 아메리칸토바코는 설문조사를 했는데요, 럭키스트라이크의 녹색 담배케이스가 여성들이 즐겨 입는 옷 색깔과 맞지 않아 선호도가 떨어진다는 사실을 발견하게 됩니다. 이때 버네이스는 럭키스트라이크의 색을 바꾸는 대신 여성들의 옷 색깔을 바꾸려는 야심찬 생각을 합니다. 그리고 녹색을 유행시키기 위해서는 패션계에서 녹색과 관련된 이벤트를 열어야 한다는 결론을 내리게 되었고, 뉴욕 월도프 아스토리아 호텔에 사교계 인사들을 초청하여 온통 녹색으로 뒤덮은 녹색 무도회를 개최합니다. 다음 날 ≪뉴욕타임스≫에는 녹색의 유행을 예고하는 기사가 실렸습니다. 이 밖에도 녹색의 유행을 위해 인테리어 장식가 등에게 새로운 유행이 될 녹색에 대한 소개 편지를 보내기도 했습니다. 이렇게 해서 럭키스트라이크 담배케이스 색깔인 녹색이 당시 새로운 유행을 선도하는 색깔이 되었습니다.

지금까지 소개한 사례는 버네이스의 다른 많은 활동과 같이 논쟁거리를 제공하고 있습니다. 우선 마케팅 목표 달성을 위해 여론을 움직이는 방법을 택하고 치밀한 연구, 조사를 거쳐 기발한 이벤트와 전문가를 활용하여 언론을 움직이는 등 실로 다양한 방법들을 통합적으로 사용했다는 점에서는 마케팅과 PR의 새로운 지평을 열었다는 평가를 받기도 합니다. 그렇지만 건강에 해로운 담배판매(그것도 여성들에게) 증가가 목표였다는 점과 캠페인 진행시에 버네이스와 아메리칸토바코는 공개적으로 드러나지 않고 대신 중립적으로 보이는 단체를 내세워 일을 처리했다거나 전문가들을 설득하고 매수해서 버네이스가 원하는 방향의 글을 쓰고 말을 하도록 했다거나 하는 등의 일로 비판의 표적이 되고 있습니다. 이런 비판적 관점에서 에드워드 버네이스를 '정보조작의 아버지'라고 부르기도 합니다.

MPR과 가짜사건 버네이스의 사례와 관련해서 집고 넘어갈 부분이 '가짜사건pseudo-event' 문제입니다. 가짜사건이란 언론에 보도되기 위해 의도적으로 뉴스가치가 있을만한 사건을 만들어내는 것입니다. 오로지 언론홍보만을 위해 만들어진 사건을 말합니다. 다른 말로 '유사사건類似事件', '의사사건疑似事件'이라고 하는데요, 이 용어는 미국의 역사학자이자 변호사인 다니엘 부어스틴Daniel J. Boorstin이 저서인 『이미지와 환상The Image: A guide to Pseudo-events in America』에서 사용한 말입니다. 일반적으로 '가짜사건'이라고 하기보다는 '퍼블리시티 스턴트Publicity Stunt'라는 말을 더 많이 씁니다.

부어스틴은 이 책에서 언론플레이를 위해 만들어진 사건, 스타 연예인, 광고 등 진짜 현실이 아닌 가짜현실, 환상이 미국인들의 일상생활을 지배하는 병리현상을 꼬집고 있습니다. 그리고 가짜사건의 특징으로 네 가지를 말했습니다.[8]

① 자연발생적이 아니며 누군가가 계획하고 실행에 옮겨야 일어난다.
② 주로 언론에 보도되거나 반복 시행되어야 할 다급한 목적을 위해 실행되기 때문에 미디어에 보도되기에 가장 편리한 시기와 장소에서 일어나도록 준비되며 얼마나 많은 언론에서 다뤘느냐는 것으로 평가된다.
③ 가짜사건과 연결되어 있는 진짜 현실은 모호하다.
④ 자기 만족적 예언(자신이 갈망하는 방향으로 사물에 대해 표현하는 심리적 특성)이 되고자 하는 의도를 가지고 있다.

매스미디어의 폭발적인 성장으로 부어스틴이 말한 '가짜사건'은 늘 새로운 뉴스를 찾아야 하는 미디어산업과 이미지를 구축하고 상품을 판매해야 하는 기업 모두를 만족시키는 효자가 되었음을 부인

할 수 없습니다. 그러나 진짜 문제는 '가짜사건'으로 만들어내는 이미지가 아니라 기업의 상품과 서비스 그리고 모든 행동이 기업의 이미지와 부합하느냐 아니냐에 있습니다. 부어스틴도 이에 대해 다음과 같이 말한 바 있습니다. "사람들이 이미지를 현실과 일치하는 것으로 생각하기 시작하자, 이미지 생산자인 기업들은 광고된 이미지에 부합하는 좋은 제품을 만들려고 노력하기보다는 만들어진 이미지에 회사의 겉모습만을 맞추려고 노력한다. (……) 이미지를 유지하고 발전시키려는 진정한 노력은 회사 전체에 의해 이루어지는 것이 아니라 대개 이미지 제작을 담당한 제작전문가나 이미지를 관리하는 중역에 의해서 이루어진다."

기업이 마케팅PR로 극단적인 자기 이익만을 추구하거나 공익을 해치는 일을 하면 소비자들의 반감만 사게 될 뿐입니다. 이는 다만 기업윤리라는 규범적 문제만이 아닙니다. 마케팅 목적을 효과적으로 달성하기 위해서라도 기업의 이미지와 아이덴티티가 일치할 수 있도록 노력을 기울여야 합니다. '현대 광고의 아버지' 데이비드 오길비 David Mackenzie Ogilvy가 그의 자서전 『나는 광고로 세상을 움직였다 Confessions of an Advertising Man』에서 한 말을 다시 상기해볼 필요가 있습니다. "광고로 품질이 떨어지는 제품을 속여 팔 수 있는가? 나는 쓰라린 경험을 통해 이것이 불가능하다는 사실을 잘 알고 있다. 소비자 테스트 결과 다른 제품보다 떨어지는 제품을 광고해야 했을 때, 비록 드문 경우였지만, 결과는 항상 처참했다."[9]

참고문헌

1 에드워드 윌슨, 『통섭: 지식의 대통합』, 최재천 · 장대익 옮김(사이언스북스, 2005).
2 알 리스 · 로라 리스, 『마케팅 반란』, 심현식 옮김(청림출판, 2003).
3 돈 슐츠 · 하이디 슐츠, 『IMC의 실행과 측정』, 한국IMC연구회(모던북스, 2004).
4 정해동 · 박기철. 『마케팅PR』(커뮤니케이션북스, 2004).
5 D. E. 슐츠, 『통합적 마케팅 커뮤니케이션』, 문영숙 · 이혜갑 · 김광수 옮김(범우사, 1998).
6 Thomas L. Harris, *Value-Added Public Relations: The Secret Weapon of Integrated Marketing*(NTC Business Books, 1998).
7 래리 타이, 『여론을 만든 사람, 에드워드 버네이즈』, 김현희 · 이종혁 · 송기인 옮김(커뮤니케이션북스, 2004).
8 다니엘 부어스틴, 『이미지와 환상』, 정태철 옮김(사계절, 2004).
9 데이비드 오길비, 『나는 광고로 세상을 움직였다』, 강두필 옮김(다산북스, 2008).

CHAPTER 11

소셜미디어로 마음을 잡아라

소셜미디어, 어떻게 볼 것인가

언제부터인가 페이스북과 트위터 등 SNS를 사용하지 않으면 문명인 취급을 받지 못하는 분위기가 사회 전반에 퍼졌습니다. 이런 분위기를 반영하듯 기업 현장에서도 앞다투어 SNS, 소셜미디어 활용에 열을 올리는 모습을 쉽게 볼 수 있습니다. 우리에게 밀어닥친 소셜미디어 열풍을 '포레스터 리서치'의 쉘린 리Chariene Li와 조시 버노프Josh Bernoff는 '그라운드스웰Groundswell'(폭풍으로 인한 큰 파도, 여파)이라고 표현했는데요, 저서인 『그라운드스웰Groundswell』에서 기업과 정부기관들은 이러한 흐름을 막을 수 없기 때문에 차라리 일원으로서 참여하고 이용함으로써 그라운드스웰의 세계에서 번영할 수 있는 길을 찾는 편이 현명

하다고 주장하기도 했습니다.[1]

우리는 일반적으로 SNS와 소셜미디어를 혼용해서 쓰고 있습니다만, 이 둘을 개념적으로 구분해볼 필요가 있습니다. 소셜미디어라는 용어는 2004년 뉴미디어 회사인 '가이드와이어그룹Guidewire Group'의 창업자 크리스 시플리Chris Shipley가 처음 사용한 신조어로, 위키백과에 따르면 "소셜네트워크의 기반 위에서 개인의 생각이나 의견, 경험, 정보 등을 서로 공유하고 타인과의 관계를 생성 또는 확장시킬 수 있는 개방화된 온라인 플랫폼을 의미한다"라고 하며,[2] 그 종류를 블로그, SNS, 위키Wiki, 손수제작물UCC, 마이크로블로그Micro-Blog의 다섯 가지로 구분하고 있습니다.

또한 위키백과는 SNS를 "사용자 간의 자유로운 의사소통과 정보공유, 그리고 인맥확대 등을 통해 사회적 관계를 생성하고 강화시켜주는 온라인 플랫폼을 의미한다"라고 정의합니다. 이렇게 보면 소셜미디어가 SNS보다 넓은 개념인 셈이고 관계형성을 통한 상호교류나 의사소통에 보다 방점傍點을 둔 페이스북이나 트위터 등을 얘기할 때는 SNS라고 부르는 것이 적절하겠습니다.

소셜미디어는 비용에 대한 부담 없이 사회적 관계를 확장해나갈 수 있고, 정보의 공유와 확산이 놀랍게 빠르며 쌍방향 커뮤니케이션이 가능한 도구입니다. 이러한 특징을 간파한 기업들은 소셜미디어를 새로운 마케팅 수단으로 적극 활용하기 시작했습니다. 입소문 효과가 대단한 매체이기 때문입니다. 2012년 여름, 국내를 넘어서 전 세계를 뒤흔든 가수 '싸이'의 〈강남스타일〉 뮤직비디오가 별다른 마케팅 수단 없이 유튜브만을 통해 순식간에 퍼져나갔듯이 말입니다. 그래서 기업 블로그를 만들고 트위터 등 소셜미디어를 하는 것이 필수가 되었고, 방문자 수가 몇 명을 돌파했다거나 트위터 팔로워가 몇 명을 넘어섰다는 얘기를 심심치 않게 들을 수 있게 되었습니다.

기업이 고객 등 이해관계자들과 직접 소통하려는 노력을 기울이고 있다는 점은 매우 반가운 현상입니다만, 현실적인 활용의 측면에서 볼 때 기업 입장에서는 마케팅 도구가 몇 가지 더 늘어난 것뿐일 수도 있습니다. CEO나 경영진 입장에서는 소셜미디어의 진정한 의미를 헤아려보지 않고 막연하게 소셜미디어가 대세이니 우리도 뭔가를 해야 한다는 생각을 가지고 있는 경우가 많고, 실무자들은 그에 따라 경영진의 관심에 부응해야 한다는 압박감을 느끼고 있습니다.

이러한 현상은 무조건 이용하는 소셜미디어의 종류 늘리기, 무조건 많은 메시지 내보내기, 무조건 방문자 수 늘리기라는 결과로 이어지기 십상입니다. 광고성 메시지가 더 늘어나서 고객들에게 노이즈만 주는 것은 아닌지, 관리하기 쉽지 않은 소셜미디어 때문에 기업의 자원낭비나 직원의 피로감만 가중시키는 것은 아닌지 진지하게 생각해볼 필요가 있습니다. 소셜미디어에 대한 전략적인 검토가 필요한 시점이 되었다는 말입니다. 다시 말해 소셜미디어가 무엇이고, 과연 우리 회사에 필요한 것인지, 필요하다면 어떤 소셜미디어가 필요한지, 또 소셜미디어를 통해 무엇을 얻고자 하는지를 분석해봐야 한다는 것입니다.

소셜미디어를 재인식하라

현재 기업들의 소셜미디어 활용은 어떤지 살펴보겠습니다. 소셜미디어 가운데 가장 많이 활용되는 것 중의 하나가 아마도 블로그가 아닌가 합니다. 기능적으로 블로그는 트위터와 달리 보여주고자 하는 콘텐츠를 충분히 보여줄 수 있고 트위터 등 마이크로블로그와 연동이 가능해 소셜미디어의 베이스캠프 역할을 하고 있습니다. 그리고 요즘 웬만한 소비자들은 상품을 구매하거나 서비스를 이용할 때 인터넷 검색을 통해 정보를 얻습니다. 그래서 블로그를 이용한 마케팅이 바이럴Viral 마케팅의 일환으로 많이 활용되고 있고 저비용 광고로도 인식되고 있습니다. 주로 소규모 기업이나 병원, 자영업자 등이 이러한 관점에서 블로그를 활용하고 있습니다. 반면, 일부 대기업들은 고객을 비롯한 여러 이해관계자들과의 소통을 강화하고 기업이미지를 좋게 만들고자 하는 노력의 일환으로 블로그를 활용하고 있습니다. 상품 및 서비스와 관련된 정보 이외에도 다양한 문화콘텐츠와 외부 필진들의 칼럼, 사내 필진들의 경험담과 소소한 일상들을 포스팅 함으로써 고객에게 친밀하게 다가서고 정서적인 교류를 하려 시도하고 있습니다. 하지만 이러한 노력 역시 이벤트나 프로모션, 광고의 목적이 큰 것이 사실입니다.

블로그와 관련해서 빼놓을 수 없는 존재가 바로 '파워블로거 power blogger'입니다. 보통 소비자들은 상품을 구매하거나 서비스를 이용할 때 블로그를 통해 미리 사용해보거나 이용한 경험이 있는 다른 사람의 의견을 많이 참조하는데, 이런 현상은 해당 상품이나 서비스에 정통한 사람들이 만든 블로그에 영향력을 부여하게 됩니다. 이 때문에 방문자 수가 많고 유명한 블로그를 운영하는 파워블로거들은 게이트키퍼gate keeper(문지기)로서의 역할을 수행하게 됩니다. 기업들도 파워블로거의 영향력을 잘 알기 때문에 이들의 의견을 경청하고 반영하고자 하는 노력을 기울이고 있습니다. 파워블로거 초청 간담회를 개최하거나 블로거 기자단을 운영하는 기업이 늘고 있고, 제품 개발에까지 참여시키는 기업도 있습니다. 그런데 본래 1인 미디어로 자신의 관심 분야에 관한 식견 있는 글을 올리고 정보를 교류하는 블로그가 기업의 마케팅 수단으로 악용되기도 합니다. 물론 일부이긴 하겠지만 기업으로부터 대가를 받고 자신의 블로그에 해당 상품을 선전한다거나 공동구매를 유도하기도 하면서 상업적으로 악용하는 경우입니다.

트위터는 140자 이내의 단문으로 자신의 생각과 의견을 공유할 수 있고, 리트윗retweet을 통해 다른 사람의 글을 자신의 팔로워에게 다시 전달할 수 있는 막강한 입소문 기능을 가지고 있습니다. 기업들의 트위터 활용도 이러한 신속한 파급력에 가장 초점을 두고 있습니다. 실제로 기업 트위터를 팔로우 하다 보면 상품 프로모션, 이벤트,

새로운 기업소식이 쏟아져 들어옵니다. 또 고객불만사항에 대한 사과와 처리결과에 대한 내용도 쉽게 볼 수 있습니다. 블로그와 마찬가지로 트위터의 세계에도 파워블로거와 같은 '파워트위터리안'이 있습니다. 이들은 여론형성에 큰 영향력을 행사하고 있습니다. 이 밖에 페이스북, 유튜브 등도 많이 활용되는 소셜미디어입니다.

이렇듯 많은 기업이 소셜미디어를 활용하고 있지만, 정작 소셜미디어 본래의 목적과 기능을 살리며 활용하기보다는 또 하나의 온라인 마케팅 채널 정도로 생각하고 있는 것은 아닌가 합니다. 고객지향적인 마케팅이 이뤄지기는커녕 기업의 일방적인 목소리만 송출하는 경우가 너무도 많기 때문입니다. 한마디로 기존의 마케팅 채널에 소셜미디어까지 가세한 형국입니다. 심한 경우는 마케팅 채널로의 활용은 고사하고 최신 내용으로 업데이트도 안 되어 있고 댓글, 답글마저 없는 경우가 허다합니다. 기존의 홈페이지조차 잘 관리되고 있지 않은 상황에서 더욱 세심한 관리가 요구되는 채널이 늘어났으니 당연한 결과라고 생각됩니다.

소셜미디어에 대한 재인식이 필요합니다. 소셜미디어 특히, SNS는 관계형성과 소통의 도구입니다. 작가 이외수는 어떻게 160만 명이 넘는 팔로워를 자랑하는 파워트위터리안이 되었을까요? 이외수는 2012년 9월 2일 중앙일보와의 인터뷰에서 이런 말을 했습니다. "난 초딩이든 누구든 다 진지하게 답해준다. 초등학교 3학년생의 멘션 중에 이런 게 있었다. '인생에 대해 많은 조언 부탁드립니다'라고.

그래도 난 진심으로 얘기해준다. 누구는 엄마 생일인데 좋은 메시지 보내달라고 하고, 누구는 시험 잘 보게 한마디만 해달라고 하고. 그럼 정말 마음을 담아 답해준다." 또한 "하루에 받는 멘션 수가 어마어마하겠다"라는 질문에는 "한 시간 동안 타임라인에 1,000여 개가 쭉 뜬다. 그걸 거의 다 체크하고, 내 말이 필요한 것이면 다 해준다. 그러니 날 안 좋아하겠냐"라고 대답했습니다.[3] 누구에게든 진심으로, 마음을 담아 소통하는 것, 최선을 다해 소통하려고 노력하는 것이야말로 소셜미디어를 제대로 활용하는 방법임을 잘 알 수 있습니다.

소셜미디어로 언론홍보하기

기업PR의 관점에서는 소셜미디어를 어떻게 활용하는 것이 좋을까요? 먼저 언론홍보 측면에서는 트위터와 페이스북 등을 통해 홍보 담당자와 기자들과의 네트워크를 구축하는 방법이 있습니다. 트위터상에서 서로의 관심사에 대해 정보를 나누고 대화를 하다 보면 더욱 친밀해지기 마련입니다. 페이스북은 트위터보다는 좀 더 개인적인 공간이므로 바로 친구 맺기를 하기보다 어느 정도 친밀감이 생긴 후에 하는 것이 보다 바람직할 듯합니다. 이렇게 형성된 네트워크는 언론홍보와 관련해서 기업 입장에 대한 설득력과 이해를 높일 수 있는 방법이 될 것입니다.

다음으로 기업의 공식 소셜미디어를 통해 멀티미디어적인 소셜미디어뉴스릴리스SMNR 형태의 보도자료를 발표할 수 있습니다. 가능하다면 기업 웹사이트에 소셜미디어 뉴스룸newsroom을 만들어 멀티미디어를 활용한 다채로운 형태의 기업정보와 보도자료 등을 제공하는 것이 좋습니다. 특히 페이스북과 트위터, 유튜브, 링크드인 등은 반드시 연결해야 합니다. 소셜미디어 뉴스룸에는 연락할 수 있는 홍보 담당자의 전화번호와 트위터 계정 등을 게시하는 것도 잊지 않아야겠지요.

블로그는 기업이 보여주고자 하는 것을 글, 사진, 동영상 등을 통해 충분히 표현할 수 있다는 측면에서 매력적인 매체임에 틀림이 없지만, 그만큼 콘텐츠가 생명입니다. 기업의 블로그로 사람들을 끌어들이려면 홈페이지 내용 이상의 정보와 스토리가 살아 숨 쉬어야 합니다. 블로그 방문자들이 무엇을 보고 듣기를 원하는지 치열하게 찾아야 풍부한 콘텐츠가 담긴 블로그를 만들어낼 수 있습니다. 언론홍보의 경우만 보더라도 생생한 블로그 콘텐츠를 통해 언론노출효과를 배가시킬 수도 있습니다. 제품개발과 관련된 흥미진진한 이야기부터 특별한 취미와 특기를 가진 직원 이야기, 특색 있는 기업문화와 관련된 스토리, CEO의 비공식적이고 친근하게 다가갈 수 있는 스토리까지 무궁무진한 이야기의 보고寶庫가 될 수 있습니다.

또 해당 기업의 정보만이 아니라 기업이 속한 산업과 관련된 국내외 정보와 트렌드도 기자들의 주목을 받아 언론을 통해 소개될 수 있습니다. 이런 흥미로운 이야기들은 기자들뿐만 아니라 블로그를 방문한 고객에게도 즐거운 경험을 주게 되지 않을까요? 그리고 블로그와 연결된 SNS를 통해 확산되지 않을까요?

SNS로 고객통찰력을 얻어라

고객관계에서는 트위터의 역할을 재조명해볼 필요가 있습니다. 기업의 제품이나 서비스는 한번 제공되면 끝나는 것이 아닙니다. 불량품이 생길 수도 있고, 사용법과 관련해서도 많은 궁금증이 생길 수 있습니다. 만족, 불만족 사례를 비롯해 업데이트 정보, 애프터서비스에 이르기까지 정말 많은 이슈가 끊임없이 발생합니다. 트위터는 이런 고객관계와 관련해서 신속한 피드백 수단이 되어 고객을 만족시켜줄 수 있습니다. 미국의 전자제품 판매전문점인 '베스트바이Best Buy'는 '트웰프포스Twelpforce'라는 트위터 계정을 만들고 실시간 고객서비스를 하고 있습니다. 고객만족을 책임지는 본사 직원뿐만 아니라 매장 직원, 엔지니어를 막론하고 모든 사원이 고객들의 질문과 불만사항 등에 대응하고 있으며, 고객불만을 처리하는 데 걸리는 시간은 평균 12분 이하라고 합니다.[4]

고객들의 다양한 반응은 기업 입장에서 귀찮고 짜증나는 것일 수도 있지만 조금만 생각을 달리하면 제품의 생산, 연구개발, 디자인, 유통, 물류, 애프터서비스 등 제품과 서비스 전반에서 직원들의 태도와 서비스마인드에 이르기까지 모든 부분을 점검해볼 수 있고 몇 단계 업그레이드 시킬 수 있는 소중한 자료가 될 수 있습니다.

사내 커뮤니케이션의 새로운 기회로

소셜미디어는 사내 커뮤니케이션에도 새로운 기회를 제공할 수 있습니다. 다른 모든 종류의 소통이 그렇지만 특히 사내 커뮤니케이션에서는 경영진의 인식이 무엇보다 중요합니다. 소셜미디어를 내부 커뮤니케이션에 활용하고 있거나 활용하려고 하는 많은 기업의 고민은 통제되지 않는 직원들의 목소리에 어떻게 대처하느냐 하는 문제일 것입니다. 그래서 소셜미디어를 통한 사내 커뮤니케이션이 가능하기 위해서는 경영진의 인내심과 보다 개방적인 기업문화가 전제되어야 합니다. 앞서 예를 든 베스트바이는 '블루셔츠네이션Blueshirtsnation'이라는 직원 대상 커뮤니티를 개설했습니다. 처음에는 직원들의 목소리를 듣기 위해 만들어졌지만, 현장의 목소리를 통해 회사의 많은 문제를 시정하고 회사정책에 대한 반응을 살필 수 있었으며, 직원들 간에 서로 돕고 협력할 수 있는 기회를 제공했습니다.

이밖에도 위키(인터넷 이용자들이 정보를 입력하고 수정할 수 있는 웹사이트)를 활용해 집단지성의 장을 만들 수도 있습니다. IBM의 블루피디아가 대표적인 예라 하겠습니다. 또한 새로운 아이디어를 구하는 제안의 광장으로서 얼마든지 활용할 수 있습니다.

모니터링 하라

기업들의 적극적이고 개방적인 소셜미디어 운영을 어렵게 만드는 요소 중의 하나는 기업이미지에 타격을 주는 '악플'과 부정적인 담론형성입니다. 따라서 모니터링은 소셜미디어 운영에서 아주 중요하게 취급되어야 하는 사안입니다. 소셜미디어를 포함한 온라인상에서 모니터링을 하는 방법은 여러 가지가 있습니다. 일례로 '구글알리미Google alert' 서비스를 활용하면 입력한 검색어가 실려 있는 뉴스, 블로그, 비디오 등 온라인상의 모든 자료가 검색되어 메일로 자동 배달되기도 합니다. 이 외에도 트위터의 검색기능을 활용할 수 있습니다. 요즘엔 유료 모니터링 업체가 많이 생겨서 소셜미디어의 단순한 모니터링은 물론 댓글의 선호도 분석, 경쟁 기업과의 비교분석, 평판 등의 추세분석까지 제공하기도 합니다. 이러한 모니터링 활동은 기업과 관련된 쟁점이나 위기를 관리하는 데 있어서 매우 중요한 역할을 담당합니다.

근거 없는 악플이나 루머 등에 대한 대처는 사전에 세워진 소셜미디어 운영원칙에 따라 명확한 사실관계와 입장을 밝히거나 삭제, 법적 대응 등이 가능하겠지만, 만일 기업과 관련된 문제나 쟁점이 사실일 경우 신속하게 인정하고 사과 등을 포함한 후속 조치를 강구하는 것이 매우 중요합니다. 자칫 무시하거나 덮어버리려고만 하다가는 더 큰 문제를 불러일으킬 수 있기 때문입니다.

소셜미디어 전략을 수립하라

소셜미디어는 그 특성상 쌍방향 커뮤니케이션이 가능하기 때문에 기업PR의 훌륭한 도구가 될 수 있습니다. 그런데 그 PR활동의 핵심에는 '경청傾聽'이 자리잡아야 합니다. 따라서 소셜미디어에 대한 철학적 사고와 전략적 접근 없이 일방적이고 전술적인 접근에만 집착한다면 어떠한 성과도 쉽게 기대할 수 없고 오히려 부작용만 낳게 되고 맙니다.

소셜미디어라는 대세에 올라타려면 먼저 소셜미디어가 무엇이고, 해당 기업에 필요한지에 대한 성찰이 반드시 필요합니다. 일단 소셜미디어를 활용하기로 결심했다면 목표를 분명히 해야 합니다. 대화하려는 대상(고객, 직원 등)에 대해서도 잘 알아야 합니다. 일반적으로 소셜미디어상에서 활동하는 공중은 일반 공중과 다른 특징을 보이는 경우가 많기 때문입니다. 이와 관련해 『그라운드스웰』에서 쉘린 리와 조시 버노프는 '소셜 테크노그래픽스 사다리'라고 불리는 인터넷상에서의 소비자 프로파일을 얘기합니다.[5] 즉, 소비자 유형을 창작자형Creators, 비평가형Critics, 수집가형Collectors, 참여자형Joiners, 관람자형Spectators, 비참여자형Inactives의 여섯 가지로 분류하고, 소비자의 성향에 맞는 전략과 전술을 강조합니다. 목표와 대상에 대한 검토가 끝났다면 전략을 수립하고 그에 맞는 수단과 구체적 방법들, 즉 전술을 고려해야 할 것입니다. 마지막으로 성과측정방법과 그 수단도 반드시 마련해야 합니다.

참고문헌

1 쉘린 리, 조시 버노프, 『그라운드스웰』, 이주만 옮김(지식노마드, 2008).
2 www.ko.wikipedia.org
3 "이외수, 너무 추워서 죽은 개 방으로 데려와…", ≪중앙일보≫, 2012.9.1.
4 "Best Practice … 불만 메시지 뜨면 12분내 조치 … 트위터로 만든 감동 충전소", ≪한국경제≫, 2010.7.1.
5 쉘린 리, 조시 버노프, 『그라운드스웰』.

CHAPTER 12

언론을 알아야 언론홍보가 보인다

언론과 제3자 인증효과

언론홍보는 PR의 한 영역이기도 하지만, 좁은 의미의 PR을 일컫는 말이기도 합니다. 관행적으로 홍보라고 지칭하는 것들은 대개 언론홍보를 의미합니다. 가장 일반적인 형태는 기업에서 알리고 싶은 소재가 있는 경우에 '보도자료Press/News Release'라는 형식의 문서를 언론에 제공해서 기사로 보도되도록 하는 것입니다. 이외에도 인터뷰나 기획기사, 기자회견, 기자간담회 같은 형태들이 있습니다. 마케팅이나 광고 관련 서적에서는 홍보와 광고를 구분할 때 '광고는 유료고, 홍보는 무료다', '광고는 통제가 가능하고, 홍보는 통제가 불가능하다', '광고는 신뢰성이 약하고, 홍보는 신뢰성이 강하다'라고 설명합니다. 요즘엔 마케팅 분야에서도 언론홍보를 주목하고 있습니다. 알 리스와 로라 리스는 마케팅에서 언론홍보의 중요성을 언급하기도 했습니다. 의도가 분명한 광고보다는 언론이라는 매체를 통해 신뢰성이 확보된 기사가 마케팅에서 더욱 효과를 발휘한다는 논리입니다.

이렇게 언론홍보가 주목받는 것은 앞서 말한 바와 같이 신뢰성 때문입니다. 신뢰성과 공공성 있는 언론 매체에서 기업의 뉴스를 다뤄주면 독자나 시청자들이 상당히 무게감 있게 받아들이게 됩니다. 우리 주위에서도 이런 현상을 쉽게 볼 수 있습니다. 주말에 교외로 나가다 보면 ○○ 방송국에서 방영된 '맛집'이라거나 ○○ 신문 '맛집' 기행에 소개됐던 음식점이라고 크게 써 붙여놓은 음식점을 흔히 볼 수 있습니다. 지나다니는 행락객들의 발길을 충분히 끌 수 있는 유인이 되는 것이지요. 이런 현상을 '제3자 인증third-party endorsement'이라고 합니다. 신뢰성 있는 다른 사람의 입을 통해 장점을 알리는 것입니다. 사실 우리는 주위에서 너무나도 많이 제3자 인증을 목격하게 됩니다. 자사의 제품소개가 스크랩된 신문기사를 보여주며 구매를 설득하는 영업사원부터 어떤 주제에 대해 논쟁하는 중에 자신과 같은 주장을 어느 신문 칼럼에서도 썼다며 주장의 신뢰성을 높이는 사람들까지, 아주 다양합니다.

제3자 인증은 언론홍보뿐만 아니라 광고에서도 널리 사용됩니다. 유명인이나 특정 분야에 대해 신뢰성 있는 인물을 모델로 활용해서 직접 체험해보니 좋더라는 식의 '증언광고testimonial advertisement' 같은 것이 대표적인 예입니다. 최근에는 특정 분야를 관심 있게 다루어

그 제품에 대해 영향력이 큰 블로그 운영자(파워블로거)들의 상품평가가 소비자에게 큰 영향을 미치고 있습니다. 이 밖에 '국가고객만족도NCSI' 조사라든가 '한국능률협회컨설팅KMAC'에서 주관하는 브랜드파워, 고객만족도조사 그리고 각종 언론이 선정해 발표하는 파워브랜드, 히트상품 같은 것도 '제3자 인증'에 해당됩니다.

언론에 보도된 기사가 제3자 인증 효과를 거두려면 기사를 보도하는 언론의 신뢰성이 먼저 확보되어야 하지만, 기업 입장에서도 언론에 제공하는 자료의 신뢰성을 확보해야 합니다. 그러기 위해서는 기업이 분명한 가치관을 가지고 있어야 하고, 무엇보다 윤리적이어야 합니다. 특히 언론홍보 담당자의 윤리성, 직업의식은 아무리 강조해도 지나치지 않습니다. 언론의 공공성을 훼손하고 대중을 현혹하려는 유혹과 압력이 늘 존재하기 때문입니다.

지피지기

언론홍보는 언론이라는 상대방이 있는 게임입니다. 따라서 반드시 알아야 할 것들이 있습니다. 언론홍보가 익숙지 않거나 언론홍보를 처음 시도하려는 기업에서는 보통 언론 매체에 보도되려면 아는 기자가 있어야 한다고 생각하거나, 금전적 대가를 지불해야 된다고 생각하는 경우가 많습니다. 일부에서는 보도자료를 그냥 보내면 무조건 다 게재해주는 것으로 잘못 생각하기도 하는 것 같습니다. 심지어 대기업에서도 사내 행사 같은 지극히 회사 내부적인 이벤트나 사소한 CEO의 동정이 신문에 보도되지 않는다고 담당자를 타박하는 경우가 종종 있습니다.

업무 담당자가 직면하는 상황도 워낙 다양하기 때문에 실제 기업에서 언론홍보 업무를 담당하는 사람들조차 언론홍보가 비체계적이며 업무지식이 축적되지 않고, 담당자 개인의 경험과 감感에 의존하는 업무라고 생각하기도 합니다. 그렇지만 분명히 언론홍보에도 일정한 원칙이 존재합니다. 간단히 말하자면, 그 원칙의 대부분은 상대방(언론)에서 찾을 수 있습니다. 언론사의 역할과 특성이 어떠한지, 기자들이 무슨 일을 어떻게 하는지, 기사가 어떻게 작성되고 보도되는지에 대해 잘 알면 잘 알수록 언론홍보역량은 커지게 마련입니다.

언론홍보는 기사를 매개로 한 언론과의 관계맺기이기 때문에 진실되고 성숙한 인간관계를 형성하는 것은 기본입니다. 다음으로 중요한 것은 보도자료나 기사자료의 작성 그리고 취재대응 등이 언어적 커뮤니케이션으로 이루어지기 때문에 문장력과 세심한 언어사용능력도 현장 업무에서는 필수불가결한 요소가 되겠지요. 마지막으로 어찌 보면 당연한 이야기지만, 언론홍보를 잘 하려면 누구보다 회사 전반에 대한 깊은 이해가 있어야 합니다. 언론홍보 담당자를 대변인spokesperson이라고도 표현하듯이, 회사를 대변하려면 자신의 회사에 대해서 모르는 게 없어야 하는 것이 기본입니다. 언론홍보를 제대로 하기 위한 지름길을 한마디로 정리한다면 '지피지기知彼知己'라고 할 수 있겠네요.

언론홍보의 상대방은 언론입니다. 바꿔 표현하면 언론은 언론홍보의 고객인 것입니다. 따라서 기업은 소비자, 투자자, 직원 등 이해관계자를 잘 알아야 하는 것과 마찬가지로 언론도 잘 알아야 합니다. 언론은 기본적으로 정보를 전달하는 기능 이외에도 여론을 형성하거나 의제agenda를 설정하기도 하고 정부와 권력에 대한 감시기능도 수행합니다. 그래서 언론을 입법, 사법, 행정의 3부와 더불어 '제4부'라고 표현하기도 합니다. 자유로운 언론이 존재하느냐 그렇지 않느냐가 민주적인 사회인지 아닌지를 판단하는 기준이 되기도 합니다. 민주주의 국가에서 차지하는 언론의 중요성 때문에 현대 민주주의 국가에서는 언론의 자유를 헌법으로 보장하고 있습니다.

언론이 '정보의 전달', '여론형성', '의제설정', '감시'라는 원초적인 기능을 가지고 있다는 것은 언론홍보를 이해하는 데 반드시 필요한 부분입니다. 언론이라는 고객에 대한 이해 때문이지요. 언론홍보에 대한 이해, 언론과 기업의 관계설정에 대한 실마리도 여기서부터 출발하는 것입니다.

고객감동 언론홍보 기업의 입장에서 언론은 분명 고객입니다. 거래처와 소비자만 고객이 아닙니다. 긍정적인 측면에서 기자는 기업의 고객이라는 관점을 가져야 합니다.

마케팅에서 고객을 정확히 이해한다는 것은 매우 중요한 일입니다. 누가 우리의 고객인지, 고객의 취향은 무엇이고 어떤 생각을 갖고 있으며, 원하는 제품과 서비스가 무엇인지 정확하게 판단하지 못하면 고객확보를 둘러싼 치열한 경쟁에서 살아남을 수 없습니다. 그렇다면, 또 다른 중요한 고객인 언론사 기자에 대해서도 같은 논리가 적용되어야 하는 것 아닐까요? 우리의 고객인 기자는 누구며, 어떤 생각을 하고, 기자가 기업으로부터 원하는 것은 무엇인지 파악하는 것이 급선무입니다.

과연 언론홍보의 고객인 기자의 니즈는 무엇일까요? 첫째는 바로 '정보'입니다. 기자라는 직업은 정보를 먹고 산다고 해도 과언이 아닙니다. 정보, 기삿거리는 숙명적으로 기자의 니즈가 되는 것입니다. 특히 일간지 기자의 경우 매일 새로운 기사를 생산해내야 하는데, 이게 여간 어려운 일이 아닙니다. 기자라는 고객의 욕구를 충족시키기 위해서 기업은 기자에게 보다 많은 기삿거리, 보다 새로운 정보를 제공할 수 있어야 합니다. 여기서 정보와 기삿거리는 비단 해당 기업의 정보와 기삿거리만을 의미하지 않습니다. 해당 기업이 속한 업계의 정보와 기삿거리도 모두 포함되는 것입니다. 그렇기 때문에 유능한 홍보팀 직원은 기자보다 몇 배 더 활발하게 취재활동을 하고 풍부한 정보력을 과시합니다.

둘째는 '자료의 신속한 제공'입니다. 기자들은 늘 시간과의 전쟁을 하고 있습니다. 일간지 같은 경우는 당일 기사 마감시간까지 기사를 작성해야 합니다. 온라인 매체의 경우는 마감시간이 따로 없어 속보경쟁을 해야 하므로 더 말할 필요도 없겠지요. 더욱이, 기자는 새로운 기사를 다른 기자들보다 더 빨리 쓰고자 하는 욕구가 있습니다. 특종에 대한 욕구가 있는 것이지요. 기자도 직업인으로서 최고의 업무성과를 내고 싶어 하기 때문입니다. 그렇기 때문에 기자가 원하는 자료는 신속하게 전달해야 합니다. 그리고 이렇게 전달되는 정보와 자료는 무엇보다 정확해야 합니다. 부정확하거나 사실과 다르게 왜곡된 정보와 자료는 그릇된 기사를 만들어내기 때문에 기자에게 큰 상처를 입히는 꼴이 됩니다.

지금까지 기자라는 고객이 진정으로 원하는 것은 정보라고 말했습니다. 그다음에 따라오는 것이 관계관리입니다. 기업은 고객의 소리에 항상 귀 기울여야 하듯이, 기자의 목소리에 항상 귀 기울여야 합니다. 그러기 위해 가장 좋은 방법은 자주 만나고 연락하면서 상호 이해의 폭을 넓혀나가는 것입니다. 고객은 자신이 진정으로 원하는 서비스를 받았을 때 감동받게 됩니다. 기자도 진정으로 자신이 원하는 것을 제공하는 기업에 감동을 받게 됩니다. 고객감동 언론홍보인 셈이지요.

언론홍보의 역사

언론을 해부하기 전에 기업홍보와 언론의 역사적 관계에 대해 먼저 짚어보고 가도록 하겠습니다. 학자들은 언론홍보의 기원을 멀리는 고대 그리스의 수사학 전통에서 찾기도 하지만, 가깝게는 그리고 대개는 민주주의가 태동하고 시민사회가 본격적으로 형성된 시점에서 생겨난 특수한 커뮤니케이션 분야로 보고 있습니다. 특히 경영기능으로서의 PR은 다른 여러 가지 경영기능과 마찬가지로 19세기 미국의 산업발달 그리고 전국적인 언론의 성장과 맥을 같이하고 있습니다.

당시 대기업들은 대중을 의식하려고 하지도 않았을 뿐만 아니라 기업운영이 비밀스럽게 이루어지는 편이 영업에 도움이 되고 사회적으로 유용하다는 생각을 갖고 있었습니다. 19세기 미국의 자본가와 기업주들의 철학을 단적으로 보여주는 사례가 있습니다. 철도업계 거물이었던 제이피 모건J.P.Morgan은 "나는 공중에게 빚진 것이 아무것도 없다"라고 했으며, 뉴욕 철도회사 사장인 윌리엄 밴더빌트William Henry Vanderbilt I는 한 신문과의 인터뷰에서 열차 고객들을 "빌어먹을 대중"이라고 표현했다는 설화舌禍를 남겼을 정도입니다.[1] (밴더빌트는 정치인들이 처음으로 기업에 규제를 가하려고 하자 "신의 저주가 있을지어다"라는 욕설을 퍼부은 일화도 있다고 합니다.[2])

미국의 철도회사들은 1870년경에 언론홍보를 시작한 것으로 알려져 있으며, 1888년경에는 뮤추얼 생명보험회사Mutual Life Insurance Company가 이미지 제고를 위한 뉴스 릴리스를 했습니다. 1889년에는 조지 웨스팅하우스George Westinghouse가 미국 최초로 PR부서를 설치하기도 했습니다. 그러나 당시의 PR은 PR학자인 그루닉과 헌트가 지적한 대로 언론대행press agentry 또는 퍼블리시티publicity 중심의 선전이며, 신문에 기사를 내보내기 위해 수단과 방법을 가리지 않는 것을 특징으로 했습니다.

20세기에 접어들면서 미국은 본격적인 대기업의 시대를 맞게 되는데, 오늘날 슈퍼파워 미국을 가능케 한 긍정적 측면과 함께 부의 편중과 부패, 노동자의 희생 등 부작용 또한 만만치 않았습니다. 이와 함께 추문 폭로 기자들Muckrackers의 활동도 활발해졌습니다. ≪맥클루어McClure's≫라는 잡지와 소속 기자들이 대표적이었는데요, 이들의 기사는 책으로 출간되기도 했습니다. 예를 들면, 록펠러 회사의 부정부패와 중소기업과의 불공정경쟁 사례를 폭로한 『스탠다드 정유회사의 역사』, 육류가공업의 비위생적 환경을 폭로한 『정글』 등이 있습니다.

이런 시대상황적 배경 속에서 점차 사회적으로 반기업 정서가 싹트고, 언론의 기업에 대한 폭로와 고발이 확산되는 가운데 홍보의 형태도 획기적인 변화를 맞게 됩니다. 이러한 변화의 선두에 'PR의 선구자'라고 불리는 아이비 리Ivy Ledbetter Lee가 있습니다. 신문기자 출신의 리는 록펠러 가家를 위해 일한 언론대행업자였습니다. 1913년 미국 남부 콜로라도에서 록펠러 가가 대주주로 있는 탄광의 노동자들이 파업을 일으켰습니다. 이 과정에서 우발적 총격사건으로 여러 명의 노동자와 여자, 아이들이 사망하자 록펠러 가는 비난을 받게 되었습니다. 이때 리는 록펠러를 설득하여 공개정책을 채택하도록 권유했고, 록펠러에게 파업이 끝난 후 파업현장을 돌아보게 했습니다. 사실, 그 당시 록펠러는 돈을 기부하는 데 인색하지 않았으나 외부에 잘 알리지는 않았습니다. 리는 록펠러의 이러한 '침묵과 무관심' 정책을 바꾸도록 함으로써 오늘날 록펠러의 명성을 쌓은 기초를 닦게 됩니다.[3]

당시 리는 많은 보도물을 사용하면서 작성자, 출처 등을 처음으로 표기했다고 합니다. 오늘날과 같은 보도자료의 효시嚆矢로 보아도 될 것 같습니다. 또한 당시의 PR 담당자들은 대개 기자 출신이었습니다. 언론의 생리를 잘 알고 그들의 관심거리를 잘 파악하고 있었기 때문입니다. 오늘날 기업의 언론홍보 담당자로 기자 출신들이 많이 활약하고 있는 현상과도 맥이 닿아 있습니다.

이렇게 언론과 기업홍보의 관계에 대해 역사적으로 살펴본 바와 같이 언론홍보는 언론의 기업에 대한 비판과 감시에 대응하면서 발전해온 경향이 강합니다.

변화하는 미디어 우리나라에는 언론사가 몇 개나 있을까요? 언론홍보를 하려면 상대방인 언론사에 대해서도 잘 알아야 할 필요가 있습니다. '한국언론진흥재단'이 펴낸 『한국언론연감 2013』에 따르면,[4] 2012년 기준으로 신문사가 1,324개사(일간신문 168개, 주간신문 1,156개), 방송사가 53개사(공영방송 21개,

민영방송 13개, 종교/특수방송 10개, 종편/보도채널 6개, 지상파DMB 3개), 인터넷신문사가 1,669개사, 통신사가 14개사로 총 3,060개의 언론사가 있습니다.

지난 10여 년간 언론사의 변화는 숫자만 늘어난 것이 아니라 일정한 트렌드를 나타내고 있습니다. 우선, 경제뉴스를 다루는 매체가 증가했습니다. 2000년에 설립된 머니투데이와 이데일리를 시작으로 2007년부터는 온라인과 오프라인, 케이블TV 등에서 경제 관련 매체가 확대되기 시작하며 무한경쟁 시대에 돌입해 있습니다. 경제 매체의 폭발적 증가는 외환위기와 금융위기 등을 겪으면서 국민들의 경제뉴스에 대한 갈증이 많았다는 반증이며 경제저널리즘도 점차 전문화, 세분화되기 시작했음을 시사해줍니다.

이와 함께 인터넷의 발달에 힘입은 온라인 매체의 증가도 눈에 띄는 현상입니다. 전통적인 오프라인 매체가 온라인 매체를 함께 운영하기도 하지만, 온라인 전문 매체도 크게 증가했습니다. 이들 온라인 매체가 영향력을 발휘하는 것은 독자들이 뉴스를 접하는 방식의 변화와도 밀접한 관련이 있습니다. 예전에는 주로 아침에 배달되는 조간신문이나 공중파 텔레비전 뉴스를 봐야 교양인 취급을 받았지만, 요즘에는 컴퓨터나 스마트폰 등을 통해 네이버나 다음과 같은 인터넷 포털 사이트에서 뉴스를 검색하는 사람들이 훨씬 많아졌습니다.

한편, 대다수 온라인 매체의 기사가 인터넷 포털 사이트에 올라가게 되면서 도메인이 널리 알려져 있지 않은 신생 온라인 매체의 기사도 온라인 포털 사이트에서는 메이저 언론사의 기사와 나란히 배치되는 경우가 많아졌습니다. 물론 이런 현상이 언론사 간의 치열한 경쟁으로 이어져 기사의 질을 향상시키거나 보다 빠르고 신속하게 독자들의 알권리를 충족시켜주기도 하지만, 일부 부작용을 가져오기도 합니다. 수많은 매체의 기사가 경쟁을 하다 보니 소위 '낚시제목'이라 불리는 자극적이고 선정적인 제목을 달아 독자들의 시선을 유혹하거나, 심지어 타 매체의 기사를 그대로 표절하는 경우도 있습니다. 그리고 기업에서 제공하는 보도자료를 추가적인 취재나 확인 없이 그대로 게재하는 일도 흔치 않게 발생합니다.

한때 지하철역에서 무료로 배포되는 무가지無價紙 신문도 새로운 트렌드로 각광을 받았습니다. 출근시간대에 지하철에서 많은 탑승객이 무가지 신문을 보는 진풍경이 벌어지기도 했었지요. 그러나 이것도 스마트폰의 보급으로 설 자리를 빼앗겨버리고 말았습니다.

언론 도매상, 통신사 우리나라의 언론사가 3,000개가 넘는다고 했는데요, 신문이나 방송과는 다른 형태의 언론사가 있습니다. '통신사通信社'인데요, 우리나라에는 연합뉴스와 뉴시스를 비롯해 뉴스1 등의 통신사가 존재합니다. 해외의 통신사로는 서방의 4대 통신사인 AP, Reuter, AFP, UPI와 러시아의 이타르타스ITAR-TASS, 중국의 신화통신新華通訊, 일본의 교도통신共同通信 등이 있습니다. 간단하게 말해서 통신사는 언론사를 위한 언론사입니다. 신문사, 방송사가 뉴스 소매상이라면 통신사는 뉴스 도매상인 셈이지요.

통신사는 소속 기자들이 취재한 기사와 계약관계에 있는 해외 통신사가 보내오는 기사를 국내 언론사에 제공하고 전재료轉載料를 받는 언론사입니다. 따라서 통신사는 국내 곳곳은 물론이고 해외에도 많은 기자를 두고 기사를 생산하고 있습니다. 기사 끝머리에 기자 이름이 적히는 바이라인by-line 대신에 '서울=연합', '워싱턴 AP=연합', '로이터=뉴시스'라고 출처Credit를 밝힌 기사가 바로 통신사의 기사를 전재한 것입니다. 요즘에는 통신사의 기사를 이들 통신사의 홈페이지나 인터넷 포털을 통해 접할 수 있기 때문에 낯설지 않지만 원래 통신사의 기사는 일반인들이 접근하기가 쉽지 않았습니다. 10여 년 전만 해도 연합뉴스(당시는 연합통신, 줄여서 '연통'으로도 호칭) 기사는 두툼한 갱지에 인쇄되어 아침 일찍 기업 홍보실이나 관공서 공보관실 등에 배달되곤 했습니다.

이참에 우리나라 통신사의 역사도 잠시 살펴보고 가겠습니다. 우선 연합뉴스는 1980년 언론기관통폐합에 따라 당시 동양통신(1952년 설립)과 합동통신(1945년 설립)이 통폐합되어 연합통신이 되었고, 그 후 1998년 북한 취재 전문 통신사인 내외통신을 흡수하여 연합뉴스가 되었습니다. 연합뉴스는 「뉴스통신진흥에 관한 법률」에 근거해 설립된 국가 기간 통신사입니다. 2003년 민영통신사인 뉴시스가 본격적으로 국내 뉴스를 생산하기 전까지 국내 유일의 통신사였습니다. 이후 2011년에는 머니투데이가 뉴스1을 설립하는 등 뉴스통신사도 다극화 시대를 맞고 있습니다. 연합뉴스와 관련해서 연합인포맥스도 함께 알아둘 필요가 있습니다. 연합인포맥스는 2000년 연합뉴스의 자회사로 출범했는데요, 금융정보에 특화된 매체입니다. '연합인포맥스 단말기'를 통해 각종 국내외 금융, 경제 정보와 데이터를 제공하고 금융 전문 기사를 생산해냅니다.

언론사에 대한 설명을 하면서 연합뉴스나 뉴시스와 같은 통신사에 비중을 많이 할애한 이유는 언론홍보에서 차지하는 중요성 때문입니다. 통신사의 역할이 신문과 방송에 뉴스를 공급하는 것이기 때문에 기사의 속보성과 객관적 중립성이 생명입니다. 그래서 통신사 기사의 파급력이 강합니다.

언론사의 수익모델 우리나라 언론사의 주 수입원은 '광고수입'입니다. 2012년을 기준으로 일간신문 매출의 57.7%, 공영방송 및 민영방송 매출의 각각 47.8%, 65.3%, 인터넷신문의 경우는 50.6%가 광고수입이었습니다.[5] 언론사들은 콘텐츠 유료판매와 사업 다각화 등으로 수익원의 다변화를 꾀하고 있지만 여전히 광고의존도가 높은 것이 현실입니다. 기업과 언론의 유착 또는 언론의 기업에 대한 압력행사 등이 거론되는 배경에는 이 같은 언론사의 광고 중심적 수익모델이 자리잡고 있습니다. 예를 들면 광고를 많이 집행하는 기업에 대해서는 언론의 예봉銳鋒이 무뎌진다거나, 언론에서 기업에 불리한 기사를 내세우며 광고 게재를 유도하는 경우입니다. 반대로 기업이 광고를 무기로 언론을 길들이려 하는 경우도 해당될 것입니다. 언론이 경제권력으로부터 자유로워지기 위해서는 콘텐츠 유료판매 확대를 비롯하여 여러 방면에서 수익 다각화 노력을 통해 광고 수입 비중을 낮춰나갈 필요가 있습니다.

언론사의 광고수입과 관련해서 'ABCAudit Bureau of Circulations제도'라는 것이 있습니다. '매체량 공사公査기구제도'라고 하는데요 신문사, 잡지사가 자진해서 발행부수, 유가부수 등을 공개하는 제도입니다. 이를 공개하는 이유는 광고주가 언론 매체에 광고를 집행하기 위한 근거를 만들어주려는 데 있습니다. 발행부수가 광고단가와 광고집행의 기준이 되어야 하기 때문입니다. ABC제도는 '한국ABC협회'라는 신문사 등의 매체사와 광고주 그리고 광고회사로 구성된 '한국ABC협회'라는 비영리 민간단체에서 운영하고 있습니다.

참고문헌

1 더그 뉴섬 · 주디 밴슬라이크 터크 · 딘 크럭크버그, 『PR 공중합의 형성 과정과 전략』; 제임스 그루닉, 『현대PR의 이론과 실제』, 박기순 · 박정순 · 최윤희 옮김(커뮤니케이션북스, 2004).

2 존 미클스웨이트 · 에이드리언 울드리지, 『기업의 역사』, 유경찬 옮김(을유문화사, 2004).

3 제임스 그루닉, 『현대PR의 이론과 실제』.

4 한국언론진흥재단, 『한국언론연감 2013』.

5 한국언론진흥재단, 『한국언론연감 2013』.

CHAPTER 13

뉴스가치를 만들어라

게이트키핑을 이해하라

기업은 신제품 출시나 고객대상 마케팅 행사와 같이 언론을 통해 알리고 싶은 소재가 많습니다. 이런 내용을 신문에 기사로 실리게 하거나 방송에 보도되게 하는 일반적인 방법은 보도자료를 작성해서 기자에게 전달하는 것입니다. 그런데 이 보도자료가 기업 홍보팀을 일단 떠나면, 기사화되는 것은 전적으로 기자의 몫이 됩니다. 보도자료를 배포한다고 해서 모두 다 기사가 되는 것은 아니라는 말입니다. 달리 표현하면 언론이 '게이트키퍼'로서의 역할을 하는 것입니다.

'게이트키핑Gatekeeping'이라는 개념은 커뮤니케이션 분야에서 중요한 개념인데요, 게이트키핑연구의 권위자인 파멜라 슈메이커Pamela J. Shoemaker는 저서 『게이트키핑의 이해Gatekeeping』에서 게이트키핑이란 세계 도처로부터 수신되는 수십억 개의 메시지가 어느 일정한 시각에 일정한 사람에게 전달되는 수백 개의 메시지로 축소되고 변형되는 과정이라고 했습니다.[1] 간단히 말해서, 수많은 기삿거리가 관문Gates(신문/방송)의 문지기Gatekeeper(기자)의 선택을 받아 기사가 되는 과정이 바로 게이트키핑입니다. 기업의 보도자료가 기사로 쓰이려면 먼저 기자의 관점에서 기삿거리가 되어야 합니다. 그리고 언론사 내부적으로 일종의 결재과정(취재기자 → 차장 → 부장 → 국장)이 필요하며, 마지막으로 제목을 붙이고 기사 크기를 조절하는 등의 편집과정이 존재(이러한 역할을 하는 기자를 신문사의 경우 취재기자와 달리 '편집기자'라고 부르며 전문영역에 속합니다)합니다. 무턱대고 기사가 되는 것은 절대 아닙니다. 일종의 프레임frame이 존재합니다.

사람이 개를 물면 뉴스가 된다

도대체 기사란 무엇이고 뉴스란 무엇인지, 어떤 내용이 기사가 되는 건지 궁금해지지 않을 수 없습니다. 이러한 궁금증은 언론사 입사시험을 준비하는 언론고시생 또는 기자만이 아니라 기업에 몸을 담고 있는 사람들에게도 똑같이 생깁니다. 여기서 기업 홍보팀이라고 하지 않고 "기업에 몸을 담고 있는 사람들"이라고 표현한 이유는 보통 보도자료의 콘텐츠가 기업의 각 부문(관리, 영업, 생산, 마케팅 등등)에 그 근거를 두고 있고, 이로 인해 홍보팀뿐만 아니라 해당 부문의 부서도 기사화 여부에 마찬가지로 민감하기 때문입니다. 또한 보도자료는 대개 각 부문에서 초안을 잡은 다음 홍보팀에서 일부 수정하는 경우가 많아 홍보팀에서도 민감하게 생각하지 않을 수 없습니다. 이현구 교수는 『세상에서 가장 쉬운 취재보도론』에서 "기사란 신문, 방송, 통신, 잡지 등의 대중 매체가 새롭고 신선한 사건, 사고, 정보, 지식, 의견, 화젯거리 등을 수용자에게 전달하기 위해 보도의 원칙과 문체에 맞게 쓴 문장"이라고 했습니다. 이와 더불어 "뉴스는 인간에게 흥미와 관심을 일으키는 새롭고 신선한 정보와 사건으로서 언론에 보도된 것"이라고 합니다.[2] 무엇이 뉴스인지를 나타내는 표현 중에 "개가 사람을 물면 뉴스가 아니지만, 사람이 개를 물면 뉴스다"라는 유명한 말이 있습니다. 줄여서 "사람이 개를 물다"라고 하는데요, 뉴욕 ≪더 선The Sun≫지를 창간한 19세기 미국의 언론인 찰스 데이나Charles Anderson Dana가 한 말입니다. 이와 비슷한 표현으로 ≪데일리 메일Daily Mail≫과 ≪데일리 미러Daily Mirror≫를 창간한 영국의 유명한 언론인 알프레드 함스워스Alfred Harmthworth는 "추락하지 않은 비행기에 대한 기사는 결코 읽지 않는다"라고도 했습니다. 이렇게 뉴스가 될 자격이 있는 소재는 '뉴스가치news value'가 있다고 합니다. 기업에서 제공하는 보도자료나 기타 소재가 기사가 되기 위해서는 뉴스가치를 갖고 있어야 하는 것입니다. 이현구 교수는 다음 다섯 가지를 뉴스가치의 기본 요소로 설명하고 있습니다.

① 시의성timeliness

② 근접성proximity

③ 저명성prominence

④ 영향성consequence

⑤ 흥미성interest

'시의성'은 뉴스가치에서 가장 기본적인 것입니다. 오늘 신문이나 방송을 보는 것은 어제 무슨 일이 일어났는지 궁금하기 때문입니다. '시의성'은 최근에 일어났거나 곧 일어날 수 있다는 시간적 근접성과 최근에 일어난 일은 아니지만 지금 보도하기에 알맞다는 적절성을 포함합니다. 다른 때 같았으면 별 가치가 없는 소재가 사회적 환경과 트렌드에 잘 맞아서 보도할 가치가 생기는 경우입니다. '근접성'은 거리적 근접성뿐만 아니라 정신적, 심리적인 근접성도 있습니다. 우리나라에서는 해외 뉴스 가운데 유럽과 아프리카 관련 뉴스 보다 미국이나 아시아 관련 뉴스가 많듯이 말입니다. '저명성'은 유명한 사람이나 장소, 기업이 뉴스가 되기 쉽다는 것입니다. '영향성'은 얼마나 많은 사람에게 얼마나 크게 얼마나 빠른 시간 안에 미치는가에 따라 뉴스가치가 달라진다는 것입니다. '흥미성'은 사람들이 관심을 가질 만해야 한다는 것이지요. 사람들의 흥미를 유발시키는 요소로는 이상성unusualness, 갈등성conflict, 성Sex, 어린이, 동물, 돈의 여섯 가지 정도를 꼽을 수 있겠습니다.

그럼 다섯 가지의 뉴스가치를 갖고 있으면 다 기사가 될까요? 그렇지 않습니다. 기본적인 뉴스가치는 뉴스가 되기 위한 '필요조건'일 뿐입니다. 뉴스가치를 판단하는 사람은 취재기자나 데스크, 편집기자입니다. 이들이 시대상황이나 독자의 관심, 자신의 가치관, 경험 등에 근거한 감각으로 뉴스가치를 판단합니다. 그래서 뉴스가 되기 위한 '충분조건'을 갖추려면 기자의 가치판단이라는 주관적 심사를 통과해야 하는 것입니다.

이와 더불어 뉴스라고 다 똑같은 뉴스는 아닙니다. 신문의 톱top을 장식하는 기사가 있는 반면에 귀퉁이에 실려 보일 듯 말듯 한 기사도 있습니다. 일회성에 그치는 기사가 대부분이지만 며칠 동안 보도되는 기삿거리도 있습니다. 중요도에 따른 결과겠지만 의도적으로 언론에서 여론형성을 위해 이슈화시키는 경우도 있습니다. 이 같은 현상은 매스커뮤니케이션이론 가운데 '의제설정이론Agenda Setting Theory'이라고 하는 것으로 설명됩니다. 언론에서 어떤 이슈에 대해 강조와 반복을 하면 독자들도 중요하게 생각한다는 이론입니다. 신문의 1면 톱뉴스나 방송뉴스의 첫 아이템을 '미디어의제media agenda'라 하고, 독자나 시청자들이 생각하는 중요한 사회적 이슈를 '공중의제public agenda'라고 하는데요, 대개 '미디어의제'가 '공중의제'로 변환되는 경향이 있습니다.[3]

다음으로 구별해서 살펴봐야 될 것이 신문과 방송입니다. 여러 가지 차이가 있기 때문입니다. 우선, 신문은 지면의 제약이 있습니다. 아무리 중요한 뉴스가 많아도 지면이라는 공간의 한계를 벗어날 수 없습니다. 어느 한날 모두 빅뉴스만 있다고 하더라도 반드시 우선순위에서 밀려나는 뉴스가 생겨나게 됩니다.

'보는 뉴스'라는 측면에서는 신문의 사진기사를 빼놓을 수 없습니다. 장문의 글로 된 기사보다 한 장의 사진이 훨씬 파급력이 강할 때가 많습니다. '퓰리처상'을 수상한 보도사진을 보면, 정말 백 마디 말이 소용이 없을 정도로 감동과 전율의 메시지를 전달하고 있습니다. 특히, 멀티미디어 시대가 되면서 신문에서도 사진기사와 사진자료의 활용빈도가 더욱 높아지고 있습니다.

한편, 방송기사는 시간의 제약을 받습니다. 대형사고가 발생한 경우를 제외하고 뉴스시간은 한정되어 있습니다. 다음으로 방송은 영상 매체입니다. 보고 듣는 매체이지요. 따라서 화면에 무엇을 보여줄 수 있느냐가 뉴스가치 판단의 또 다른 잣대가 됩니다. 이와 같은 특성들 때문에 언론홍보에서 신문보다 방송에 보도되기가 훨씬 어려운 것입니다.

지금까지 살펴본 바와 같이, 기업에서 알리고 싶은 내용이 뉴스가 되는 것은 결코 만만한 과정이 아닙니다. 현실적으로 그룹사나 대기업 또는 브랜드파워가 높은 기업이라도 신문이나 방송에 보도된다는 것은 생각처럼 쉬운 일이 아닙니다. 하물며 그렇지 못한 대부분의 기업이라면 더욱 어려운 일입니다. 그렇기 때문에 뉴스가치가 있는 기삿거리를 부지런히 찾아내야 하고, 평범하게 보이는 기삿거리라도 다각도로 접근해서 뉴스가치를 발견해내야 합니다. 아예 기사화를 목적으로 기삿거리가 될만한 것을 만들어내는 경우도 종종 있습니다. 그렇다고 언론보도를 위해 사실과 다른 내용을 거짓으로 발표한다거나 심각하게 왜곡하면 오히려 진실되지 못한 기업으로 몰려 소탐대실할 수가 있습니다. 또한 현실에 안주하거나 정체되어 있는 기업에 기삿거리가 있을리 만무합니다. 기삿거리가 많다는 것은 기업이 활발하게 움직이고 있다는 증거입니다.

따라서 기삿거리를 만들어내기 위한 근본적인 처방은 새로운 제품이나 서비스를 지속적으로 출시하고, 고객과 직원 등 이해관계자와의 관계를 끊임없이 향상시키며, 사회공헌활동을 활발히 하는 것입니다. 결국 열정적인 기업문화, 직원들의 넘치는 상상력과 반짝이는 아이디어를 수용할 수 있는 개방적인 조직문화가 우선시되어야 가능한 일입니다.

기사와 보도자료는 일란성 쌍둥이

기업에서 일어나는 일들이 언론에 기사화되는 경로는 여러 가지가 있습니다. 기업의 입장에서 수동적인 형태로는 언론사에 제보된 내용이나 기자가 우연히 알게 된 사실을 확인하기 위한 목적에서 기사 작성 시 추가 취재 및 사실확인 등을 위해 먼저 취재요청을 해오는 경우입니다. 이 외에도 기업의 홈페이지나 블로그, 트위터의 게시물, 증권사 애널리스트의 기업분석보고서 등을 소스로 활용해 기사를 쓰기도 합니다. 반면에 능동적인 경우로는 홍보팀이나 경우에 따라서는 임직원이 구두口頭로 기자에게 기삿거리를 전해주기도 하고, 인터뷰나 기자회견과 같은 형식을 취하기도 합니다. 그러나 가장 일반적이고 공식적인 방법은 보도자료를 통한 기사화일 것입니다.

보도자료는 보도를 목적으로 언론에 전달하는 문서나 사진, 영상입니다. 영어로는 press release, news release, media release, press statement, video release라고 다양하게 표현됩니다. 보도자료는 통상 문서로 된 것이라고 알고 있지만, 영상으로 만들어진 보도자료도 있습니다. VNRVideo News Release이라고 하는데요, 일종의 방송용 보도자료입니다. 문서로 된 보도자료와 함께 동영상으로 인터뷰나 제품시연 및 관련 영상을 촬영해 담는 것입니다. 미국에서는 종종 활용되고 있지만 우리나라에서는 아직까지 낯선 형태입니다. 지난 2005년 국내 최초로 이헌재 당시 경제부총리가 '경제활성화를 위한 종합투자계획'을 설명하기 위해 VNR을 만들어 언론사에 배포해 잠시 화제가 되기도 했습니다. 최근 매체환경의 변화로 방송뿐만 아니라 인터넷 매체, 심지어 인쇄 매체에서도 동영상의 활용도가 점차 높아지고 있어 관심을 가져볼 만합니다. 또 요즘 신문이나 잡지기사 중에는 'QR코드Quick Response Code'가 딸려 있어 스마트폰이나 태블릿PC의 QR코드 인식 애플리케이션을 통해 사진이나 동영상 기사도 함께 볼 수 있도록 되어 있는 경우도 있습니다.

한편 소셜미디어의 발달로 '소셜미디어 뉴스릴리즈SMNR: Social Media News Release'도 등장했습니다. 기업 블로그를 통해 보도자료를 발표하기 때문에 텍스트 이외에 사진, 비디오 자료 등 멀티미디어 환경에 적합한 보도자료를 만들 수 있다는 장점이 있습니다. 전통적인 보도자료의 형식과 차이가 있는 만큼 미국의 PR대행사인 '시프트 커뮤니케이션스Shift Communications'는 SMNR 탬플릿을 만들어 소개하기도 했습니다. 전통적인 보도자료가 언론인만을 대상으로 한다면 SMNR은 언론인 이외에 블로거, 소비자 등 다수의 대중이 보도자료의 대상입니다. 소셜미디어의 특성상 SMNR은 트위터, 페이스북, 링크드인 등과 결합되어 빠른 확산을 가져올 수 있습니다. 국내에서도 삼성전자 등이 선구적으로 SMNR을 도입해 활용하고 있습니다.

그러나 아직까지는 문서로 된 보도자료가 일반적인데요, 이러한 현대적인 보도자료는 'PR의 선구자'라고도 불리는 아이비 리로부터 시작됩니다. 1906년 미국 아틀랜틱시티 철도파업 당시 펜실베이니아 철도회사를 위해 일을 하고 있던 리가 불필요한 억측과 소문이 퍼지는 것을 막고자 보도자료를 만들어서 언론에 직접 배포한 것입니다. 이와 함께 언론과의 열린 소통을 강조하고자 현장에 언론인들을 초청하기도 했습니다.

보도자료에는 기업에서 공식적으로 언론에 전달되는 모든 내용이 담기게 됩니다. 따라서 임직원의 부음訃音이나 인사발령과 같은 내용도 보도자료로 배포됩니다. 지극히 간단한 정보를 전달하는 경우를 제외하고 보도자료는 일정한 형식을 갖추고 있습니다. A4용지 1장을 기준으로 상단에는 수신처, 수신자, 자료발송처, 발송자, 담당자, 문의전화번호 등이 들어가고, 제목과 부제목에 이어 보도내용이 들어갑니다. 보도내용은 리드문과 본문으로 구성되며, 첨부자료 등이 있을 때는 하단에 첨부자료 내용을 부기附記하고 첨부문서를 추가합니다.

보도자료는 왜 이러한 독특한 형식을 취하고 있을까요? 한마디로 언론홍보의 고객인 기자의 니즈에 맞추기 위함입니다. 다시 말해서 기자가 기사를 쓰기에 가장 알맞은 형태로 보도자료를 쓰는 것입니다. 기사와 가장 유사하게, 기사처럼 쓰는 것이지요. 물론 보도자료가 반드시 기사형식을 갖추어야 하는 것은 아닙니다. 그러나 언론에 보도되기를 바라면서 제공하는 문건이 취재기자가 읽기 힘들게 작성되고 기사로 쓰기 어렵게 만들어졌다면 굉장한 뉴스가치를 가지고 있지 않는 한 보도되기가 불가능할 것입니다. 기자들이 하루에 수십 건의 보도자료를 제공받고 있다는 사실을 안다면 말이지요.

보도자료 잘 쓰는 방법

보도자료를 훌륭하게 작성하기 위한 가장 좋은 방법은 신문기사를 교과서로 삼는 것입니다. 우선, 기사에는 제목이 있습니다. 부제목이 있는 경우도 있습니다. 제목의 역할은 아무리 강조해도 지나치지 않을 것입니다. 보통 독자들은 기사제목을 보고 읽을지 말지를 결정하기도 하며, 바쁠 때는 기사제목만 보기도 합니다. 그렇기 때문에 제목은 기사 내용을 압축적으로 표현하고 있어야 합니다. 제목만 보고도 기사의 전체 내용에 대한 감을 잡을 수 있을 정도의 핵심 메시지를 담고 있어야 하는 것입니다. 요즘에는 언론사들도 무한 경쟁을 하느라 기사 내용과 동떨어진 과장되고 선정적인 제목으로 독자들의 시선을 잡으려고 합니다만, 그런 기사는 오히려 독자들의 분노를 사는 경우가 많습니다.

제목 다음에는 리드lead가 따라옵니다. 리드문은 본문이 시작되기 전에 기사내용 전체를 한 문장 정도로 요약한 것입니다. 마지막으로 본문이 따라옵니다. 본문은 리드를 보강하고 구체적인 설명을 덧붙이는 문장들로 구성됩니다. 이러한 문장의 구성을 '역逆 피라미드' 형식이라고 합니다. 결론부터 꺼내놓고 구체적인 내용들이 따라오는 형식이지요. 기사가 역 피라미드 형식인 이유에 대해 이재경 교수는 두 가지로 설명하고 있습니다.[4] 첫째로, 독자는 기사를 읽다가 어느 때고 멈출 수 있기 때문에 한 줄만 읽어도 기사와 관련된 핵심 내용을 알도록 해야 한다는 것이고, 둘째로 신문 편집자들은 제한된 지면으로 인해 항상 기사의 길이를 가지고 고민하는데 역 피라미드 형태는 기사를 줄이기가 쉽다는 것입니다. 뒤에서부터 잘라내도 기사의 전체 흐름에는 영향을 미치지 않기 때문입니다.

지금까지 기사의 구성 형식을 설명했는데요, 다음으로는 내용적인 측면에 대해 말해보겠습니다. 기사는 보도의 원칙과 문체에 맞게 써야 합니다. '육하원칙', '5W1H'라고도 하는데요, 누가Who, 언제When, 어디서Where, 무엇을What, 왜Why, 어떻게how 했는가를 말합니다. 그리고 '3C'를 충족해야 합니다. 정확Correct, 간결Concise, 명료Clear해야 하는 것입니다. 여기에 한 가지 덧붙이면, 어떤 분야의 전문 매체가 아닌 이상 신문과 방송은 대개 중학생 정도면 읽고 볼 수 있도록 기사를 작성하고 보도를 해야 합니다. 기업이 마케팅을 할 때 타깃고객을 설정하듯이 언론도 타깃 고객(독자나 시청자)을 설정하는 것입니다.

다음으로 기사의 종류에 대해서도 간략히 살펴보도록 하겠습니다. 기능적으로 보면, 사실을 객관적으로 알리는 보도기사와 논평기사 그리고 흥미기사로 나뉩니다. 또 형식적인 면에서는 객관적 사실 보도 기사straight news와 읽을거리 기사features로 나뉩니다.

보도자료는 이러한 기사의 특성에 맞게 기사 작성 원칙과 방법에 입각하여 작성되어야 합니다. 어떻게 보면, 기업에서 보도자료를 직접 작성하는 홍보팀 직원은 기업 내에서 기자의 역할을 대신하고 있다고도 볼 수 있습니다. 예를 들어 영업과 관련된 보도자료를 작성하기 위해서는 영업팀으로부터 자료를 받고 담당 직원에게 설명을 들어야 합니다. 경쟁사는 어떻게 하고 있는지도 파악해야 합니다. 그리고 궁금한 사항은 질문을 통해 완전히 파악한 후 보도자료를 작성하는 것이지요. 실제 글로 쓸 때도 기자의 관점에서 독자들을 의식하고 작성을 해야 기자에게 높은 호응을 받을 수 있습니다.

보도자료에서 빼놓을 수 없는 부분이 사진자료입니다. 내용에 따라서는 사진기사가 훨씬 효과적인 경우가 많이 있습니다. 그래서 보도자료는 먼저 내용의 성격을 면밀히 검토해서 글로만 전달할 것인지, 아니면 사진자료를 첨부할 것인지를 결정해서 작성해야 합니다. 원칙적으로는 사진기자가 취재를 통해 사진기사를 게재하는 것이 옳지만 취재 인력의 제한 등으로 인해 기업에서 제공하는 사진자료를 사용하는 경우도 많습니다. 그렇기 때문에 보도자료에 첨부하는 사진도 보도사진에 적합하도록 촬영이 이루어져야 합니다.

이렇게 어려운 과정을 거쳐 보도자료를 잘 만들어놓고도 전달 과정이 잘못되거나 기사로 반영이 안 된다면 난처한 일입니다. 보도자료의 전달과 관련해서는 직접 대면해서 주는 방법 이외에도 팩스나 이메일, 메신저 등 다양한 수단이 있을 수 있습니다. 그러나 전달보다 더욱 중요한 것은 취재기자가 받았는지를 확인하고 충분히 추가적인 설명을 하는 일입니다. 앞에서 말했듯이 기자들은 하루에도 수십 건의 보도자료를 받곤 합니다. 아마 대부분은 읽어 보지도 못할 것입니다. 설령 읽어 본다 하더라도 기자가 모든 분야에 정통한 전문가가 아닌 이상, 아무리 보도자료를 쉽게 썼다고 하더라도 내용을 이해하는 것이 그리 쉬운 일만은 아닙니다. 그렇기 때문에 반드시 설명이 필요합니다.

그러면 기자들은 기업이 배포하는 보도자료를 어떻게 생각할까요? 언론학자들은 '발표저널리즘'이라고 해서 보도자료에 의존해서 기사를 쓰는 언론에 대해 날카로운 비판을 가하기도 하지만, 기본적으로는 보도자료를 경계한다고 보는 것이 맞는 듯합니다. 많은 학자와 언론인은 보도자료가 홍보물이고, 내용이 일방적이거나 편파적이며 과장되어 있다고 생각합니다. 실제로 부정적인 측면을 어설프게 감추고 사실을 지나치게 미화한 보도자료를 배포했다가 취재기자의 날카로운 시각을 피하지 못해 오히려 부정적인 기사로 뒤바뀐 웃지 못할 사례도 종종 있습니다. 기자가 보도자료를 그대로 베껴 쓰는 것이 아니라 추가 취재과정을 거치기 때문에 발생하는 현상입니다. 또한 기업 내부적으로 보도자료의 작성과 결재과정에서 애사심에 충만한 나머지 보도자료 작성원칙이 무시된 채 뉴스가치가 없는 것은 물론이고, 사실 미화와 찬양 일색의 보도자료가 작성되는 사례도 종종 발견됩니다. 이런 보도자료는 기사화되기도 불가능할뿐더러, 자칫 남발되면 언론으로부터의 신뢰가 땅에 떨어지고 이미지도 실추되는 결과를 초래합니다.

스티브 잡스에게 배우는 설득의 법칙

커뮤니케이션은 말과 글 그리고 상징들로 구성됩니다. 따라서 언론홍보를 잘하기 위해서는 커뮤니케이션 도구들을 잘 활용하기 위한 기본 원리와 원칙을 알아야 합니다. 이 분야에서 가장 훌륭한 선생님 가운데 한 명은 바로 고인이 된 애플의 신화 스티브 잡스입니다. 스티브 잡스는 아이폰과 아이패드 때문에 유명하기도 하지만, 명연설과 뛰어난 프레젠터로서 더욱 알려져 있습니다. 이러한 사실을 증명이라도 하듯 유튜브에는 그의 전설적인 동영상이 많이 올라가 있습니다. 실제로 그가 신제품 프레젠테이션을 하는 것을 보면 정말 스티브 잡스에게 빠져들지 않을 수 없습니다. 왜 사람들은 그의 프레젠테이션에 열광하는 걸까요?

카마인 갈로Carmine Gallo는 『스티브 잡스 프레젠테이션의 비밀The Presentation Secrets of Steve Jobs』에서 잡스의 프레젠테이션 특징과 비법을 잘 설명하고 있습니다.[5] 우선, 간결한 헤드라인입니다. 주어-동사-목적어의 단순한 구조로 만들어야 기억하기 쉽습니다. 스티브 잡스는 아이폰을 공개하면서 이렇게 말했습니다. “오늘 애플은 전화기를 재발명합니다!” 맥북 에어를 출시하면서는 “세상에서 가장 얇은 노트북”이라고 표현했습니다. 간결하기만 한 것이 아니라 제품과 관련된 핵심 메시지를 적확的確하게 짚어내고 있습니다. 잡스는 프레젠테이션뿐만 아니라 제품 디자인에서도 단순함의 미학을 실천했습니다. 간결함과 단순함은 성공적인 커뮤니케이션의 요체입니다. 기업에서도 복잡하고 구구절절한 보고서보다는 명쾌한 한 장짜리 보고서의 선호도가 더 높습니다.

그리고 매우 중요한 사실은 잡스는 한 번 만들어진 헤드라인을 일관성 있게 프레젠테이션, 홈페이지, 인터뷰, 광고, 포스터 등 모든 커뮤니케이션 채널에서 사용했다는 것입니다. 또한 헤드라인을 반복해서 이야기함으로써 사람들의 머리에 각인되도록 했습니다.

스티브 잡스는 수사법에도 능했던 것 같습니다. 예를 들면, 숫자에 구체적인 의미를 부여하거나, 청중의 생활과 밀접한 내용으로 의미를 설명하고 비유와 같은 수사법으로 숫자에 옷을 입힌 것입니다. 아이팟을 공개하면서 5GB의 저장용량을 "노래 1,000곡을 담을 수 있다"고 표현했듯이 말입니다.

카마인 갈로는 잡스가 신제품을 소개할 때 사용하는 단어의 세 가지 특징을 단순성과 명확성, 감정표현의 세 가지로 압축했습니다. 특히 전문용어와 긴 단어는 사용하지 않았다고 합니다. 또한 잡스는 전달하고자 하는 메시지를 세 가지로 나누어 각 주제를 보충하는 요점이 따라오도록 메시지를 구성했습니다. 청중이 가장 기억하기 쉽다는 이른바 '3의 법칙'을 잘 알고 있었던 것입니다. 마크 월튼Mark S. Walton은 저서 『3의 법칙Generating Buy-In』에서 사람들은 세 가지의 정보가 주어졌을 때 가장 쉽게 받아들이고 가장 쉽게 기억한다고 했습니다.[6] 지구 · 바람 · 불, 성부 · 성자 · 성령, 과거 · 현재 · 미래 등 아주 오랜 옛날부터 우리의 의식 성향이 3이라는 숫자로 가득 차 있다는 것입니다.

또한 스티브 잡스는 핵심 메시지를 더욱 설득력 있게 하기 위해 은유와 유추를 사용했습니다. 잡스는 인터뷰나 대화에서 은유를 적절히 사용했는데요, 가령 "컴퓨터는 인간이 만들어낸 가장 놀라운 도구라고 생각합니다. 말하자면 컴퓨터는 우리의 지성을 위한 자전거와 같습니다"라는 식으로 말이지요. 이외에도 스토리텔링 기법과 고객의 증언, 제3자 인증의 적절한 사용, 동영상과 차트, 전시물, 기타 소도구 등 소위 멀티미디어 채널을 적극 활용했습니다. 그야말로 커뮤니케이션을 효과적으로 하기 위한 도구와 장치를 모두 총동원한 것입니다.

프레젠테이션과 같은 스피치 커뮤니케이션은 원래 고대 그리스의 철학자 아리스토텔레스의 수사학에서 비롯되었습니다. 아리스토텔레스는 연설을 구성하는 세 가지 요소로 전달자의 신뢰도를 의미하는 에토스ethos, 감정에 대한 소구인 파토스pathos, 논리에 대한 소구인 로고스logos를 말한 바 있습니다. 스티브 잡스의 프레젠테이션도 가만히 살펴보면 아리스토텔레스가 말한 연설의 원칙에 충실하게 짜여 있는 것을 발견하게 됩니다.

커뮤니케이션이 잘 되기 위해서는 메시지를 전달하는 사람과 전달받는 사람 사이에 의미공유가 일어나야 합니다. 이것이 잘 되지 않으면 소통이 막히게 됩니다. 소통이 단절되면 설득과 소통은 고사하고 오해와 반목을 초래하기도 합니다. 따라서 효과적인 커뮤니케이션을 위해서는 커뮤니케이션 원칙을 잘 알고 이를 적절히 활용해야 합니다.

참고문헌

1 패멀라 J. 슈메이커, 『게이트키핑의 이해』, 최재완 옮김(커뮤니케이션북스, 2001).
2 이현구, 『세상에서 가장 쉬운 취재보도론』(커뮤니케이션북스, 2002).
3 오미영 · 정인숙, 『커뮤니케이션 핵심이론』(커뮤니케이션북스, 2005).
4 이재경, 『기사 작성의 기초』(나무와 숲, 2001).
5 카마인 갈로, 『스티브 잡스 프레젠테이션의 비밀』, 김태훈 옮김(랜덤하우스, 2011).
6 마크 S. 월튼, 『3의 법칙』, 양영철 옮김(세종서적, 2004).

소통자본을 구축하는 방법

1. 기업가치관을 확립하라

소통자본을 구축하기 위해서 가장 먼저 해야 할 일은 기업가치관의 확립입니다. 만일 가치관이 없다면 가치관을 새롭게 만들어야 하고, 이미 가치관이 존재한다면 임직원들이 반드시 알고 준수하도록 해야 합니다. 가치관은 적극적으로 실천했을 때만 의미가 있는 것입니다. 사명, 비전, 핵심 가치 등으로 표현되는 기업의 가치관은 거친 파도를 헤치고 항해를 해야 하는 배의 나침반과 같습니다. 기업가치관이 확립되어 있지 않거나, 올바른 가치관을 가지고 있지 않으면 배가 산으로 갈 수도 있습니다.

기업의 가치관은 기업활동에 있어서 판단의 준거準據 틀로 작용

합니다. 제대로 잘 확립된 가치관은 경영활동의 전 부문에 영향을 미쳐 우왕좌왕하는 일이 없게 만듭니다. 특히 사업상 어려운 결정을 내려야 할 때나 위기상황에 닥쳤을 때 큰 힘을 발휘합니다. 가치관이 확립되어 있지 않은 회사가 위기를 맞으면 당장의 위기를 모면하기 위해 눈 가리고 아웅 하거나, 눈앞의 이익을 좇는 일이 벌어져 장기적인 성장에 걸림돌로 작용할 수도 있습니다.

또한 신규 사업에 진출하는 경우에도 사업진출 여부를 판단하는 기준은 '수익성'과 함께 '가치적합성'이 될 것입니다. 아무리 수익성이 있다고 하더라도 해당 사업이 고객의 이익보다 회사의 이익을 우선시한다면, 직원들이 해당 사업에 자부심과 긍지를 느끼지 못한다면, 윤리적으로 문제가 있거나 사회적인 논란을 불러일으킨다면 성공하기 힘들기 때문입니다.

기업의 가치관은 아이덴티티, 정체성이라는 집을 짓는 데 기초재료가 됩니다. 가치가 투영된 아이덴티티는 기업 내외부에 기업의 참 모습을 알려주는 역할을 하며, 이미지를 형성하고 명성을 쌓는 역할을 합니다. 결국, 가치관은 이해관계자들과 어떻게 관계를 형성하고 어떻게 소통해나가야 하는지에 대한 기준이 됩니다.

2. 핵심 이해관계자를 확인하라

오늘날 기업이 영향을 미치고, 영향을 받는 이해관계자 집단은 무척 많습니다. 모든 이해관계자들과 관계를 형성하고 소통을 하면 좋겠지만, 현실적으로는 기업마다 규모와 성격이 다르고 쓸 수 있는 자원과 인력에서도 차이가 있을 수밖에 없기 때문에 이를 감안하여 핵심 이해관계자를 선별하고 우선순위를 짜야 합니다. 또한 기업에 어떤 문제가 발생했다거나 기업이 위기에 직면했다면 상황에 따라 핵심 이해관계자도 다를 수 있습니다. 따라서 상황에 맞게끔 전략적 측면에서 중점적으로 관계를 형성할 필요가 있는 이해관계자의 우선순위를 정하는 것이 효과적이며 이것이 우선적으로 해야 하는 일입니다.

3. 관계를 구축하고 소통하라

핵심 이해관계자를 확인하는 과정을 마쳤다면, 다음으로는 관계를 구축하고 소통하는 일을 해야 합니다. 이 단계에서 가장 중요한 것이 신뢰와 믿음, 정직, 투명성, 상호협조와 같은 가치입니다. 모든 핵심 이해관계자들과 우호적인 관계를 만드는 가장 기본적인 사항들입니다. 이런 가치가 없다면 장기적이고 지속적인 관계를 형성하는 일은 불가능할 것입니다. 가치에 기반을 둔 관계의 형성은 기업과 이해관계자가 서로 생존하고 발전해나가기 위한 것이며 기업의 지속가능경영을 담보하는 것이기도 합니다.

소통에 있어서는 쌍방향 커뮤니케이션이 핵심적인 요소입니다.

기업이 정보와 주장을 이해관계자들에게 효과적으로 전달하고 설득하기 위한 노력을 하면서 동시에 이해관계자들의 의견과 입장을 기업 안으로 끌어들이는 노력이 함께 일어나야 합니다. 끌어들인다는 것은 이해관계자의 의견을 반영하고 자기 수정을 거쳐 보다 바람직한 방향으로 나가는 것을 의미합니다. 또한, 소통은 지속적으로 일어나야 합니다. 모든 관계가 그러하듯이 지속성이 없으면 친밀한 관계를 형성할 수 없습니다.

4. 측정하고 평가하라

소통자본을 구축하기 위한 각각의 모든 활동은 반드시 측정하고 평가해야만 합니다. 측정과 평가에 선행되어야 할 부분은 활동의 목적과 목표를 명확히 하는 일입니다. 활동을 통해 달성하고자 하는 것이 무엇인지 분명하지 않으면 달성이 됐는지 안 됐는지를 따지는 것 자체가 의미가 없기 때문입니다.

우리는 지금까지의 논의에서 소통자본이 매우 종합적이고 다층적인 구조와 구체적이고 다양한 활동으로 이루어져 있다는 것을 알 수 있었습니다. 따라서 각각의 단계와 활동별로 가장 적합하고 타당한 측정, 평가방법을 활용해야 할 것입니다. 그러나 궁극적으로는 기업과 주요 이해관계자(공중)들과의 '관계성relationship'이 평가의 대상이 되어야 합니다.

관계성을 측정하는 지표로는 신뢰성, 개방성, 유대감, 커뮤니케이션의 균형성, 관계의 만족정도, 권력의 분배정도, 상호이해, 동의 및 합의의 정도 등을 검토해볼 수 있을 것입니다.

이러한 관계성 평가는 이해관계자들과의 관계구축 등에 피드백하여 지속적으로 수정, 보완되어야 할 것입니다. 순환구조를 이루어야 더욱 공고하고 장기적인 관계유지가 가능하기 때문입니다.

5. 마치며

소통자본은 기업이 이해관계자들과 우호적인 관계를 형성하고 쌍방향의 균형적 커뮤니케이션을 하면서 기업과 사회에 모두 유익한 방향으로 나아가려는 노력과 그 결과로 생겨나는 명성, 신뢰, 존경, 믿음, 헌신과 같은 가치입니다. 한마디로 기업과 이해관계자, 사회가 모두 상생하는 새로운 경영패러다임의 핵심 키워드인 셈입니다.

소통자본이 잘 구축된 기업의 직원들은 회사에 대한 몰입도가 크고, 회사가 추구하는 가치와 개인의 가치가 일치되어 열정적이고 창의적으로 일을 합니다. 투자자들은 기업에 강한 신뢰감을 갖고 장기적으로 투자하며 회사의 발전을 염원하게 됩니다. 또한 소비자들은 기업이 생산하는 제품을 안심하고 구매할 수 있고, 제공되는 서비스에 대한 만족도도 높아 평생고객이 될 수 있습니다. 협력업체는 단순한 '을'이 아니라 함께 성장해나가는 동반자의 관계가 될 수 있습니다. 지역사회도 기업을 생산의 주체로서만이 아니라 공동체의 일원으로서 보게 되어 기업의 든든한 후원자가 될 것입니다. 언론도 기업의 발전에 훌륭한 조력자 역할을 할 수 있습니다.

이제 기업이 소통자본을 구축하는 것은 '당위當爲'의 문제나 '규범規範'의 문제가 아닙니다. 기업의 지속가능경영이라는 생존의 문제이고, 사람들의 실제적인 삶과 행복에 관한 문제이며, 우리 사회가 높은 수준의 선진사회로 발돋움하기 위해서 반드시 필요한 일입니다.

지은이 **김효상**

서강대 언론대학원에서 PR전공으로 언론학 석사학위를, 영국 University of Birmingham Business School(BBS)에서 MBA학위를 받았습니다. 또 영국의 사내 커뮤니케이션 전문 리서치, 교육기관인 Melcrum에서 'The Internal Communication Black Belt' Certificate를 받았습니다.
대우증권에서 언론홍보, 광고, 사내 커뮤니케이션, PI 등 기업 커뮤니케이션 전 분야에 걸쳐 폭넓은 업무경험을 쌓았으며, CEO 스피치 라이터 역할을 수행했습니다. 이 밖에도 영업혁신, Wealth Management 컨설팅업무 등을 담당하기도 했습니다. 이후 코스닥기업으로 자리를 옮겨 IR과 경영기획, 관리업무를 했습니다. 현재는 경영, 커뮤니케이션 분야 컨설팅과 교육 전문 회사인 비오씨컨설팅(주) 대표로 있으며 컨설팅과 강의, 연구를 병행해나가고 있습니다.

이메일 주소: hskim@iboc.co.kr

한울아카데미 1686
소통자본을 구축하라
기업 커뮤니케이션의 새로운 시각

지은이 | 김효상
펴낸이 | 김종수
펴낸곳 | 도서출판 한울

편집 | 염정원

초판 1쇄 인쇄 | 2014년 7월 15일
초판 1쇄 발행 | 2014년 7월 20일

주소 | 413-756 경기도 파주시 광인사길 153 한울시소빌딩 3층
전화 | 031-955-0655
팩스 | 031-955-0656
홈페이지 | www.hanulbooks.co.kr
등록번호 | 제406-2003-000051호

Printed in Korea.
ISBN 978-89-460-5686-2 93320